한화그룹 창업주 김종희
불꽃으로 살다

한화그룹 창업주 **김종희**
불꽃으로 살다

신상진 지음

새녘

화약 같은 사람이 되어야 한다.
약속된 장소와 시간에 정확히 힘을 발휘하는
화약처럼 바르고 정직한 사람 그리고
자신을 빛냄으로써 모두를 빛낼 수 있는 사람처럼….

― 현암 김종희

차례

Part 1
책임지는
경영자 김종희

이리역 폭발사고로 벼랑 끝에 서다 • 13
이리역 폭발사고를 수습하다 • 18

Part 2
후학을
기르다

북일고등학교에 대한 사랑과 열정 • 29
새로운 인재를 양성한 김종희의 교육관 • 32

Part 3
김종희의
정신적 지주

김종희에게 영향을 미친 사건 • 39
성공회 신부 세실 쿠퍼를 만나다 • 42
더 큰 세상으로 나아갈 꿈을 키우다 • 44
진로를 놓고 아버지와 의견이 갈리다 • 47
공부를 계속하고 싶어 가출하다 • 50
폭력사건에 얽혀 퇴학을 당하다 • 53
원산상업학교로 전학하다 • 57
평생 걸어가야 할 길을 정하다 • 58

Part 4

화약인으로
살아온
걸음, 걸음

진학과 취직의 갈림길에서 • 65

화약계에 발을 들이다 • 69

화약 전문가 마쓰무로와 인연을 맺다 • 72

화약에 대해 본격적으로 공부하다 • 75

제2의 최무선을 꿈꾸다 • 78

조선화약공판에서 능력을 인정받다 • 80

8·15해방과 독자적인 화약 생산 시도 • 83

미 군정 스미스 대위를 만나다 • 88

사과 상자에 든 급료 1만 원 • 92

인천화약공장 폭발과 소신 지키기 • 95

고이케에게 의리를 지키다 • 98

화약공판 관리인이 되다 • 100

화약 국산화의 꿈은 멀어지고 • 104

6·25전쟁과 화약고 • 106

전쟁 중 목숨을 걸고 화약을 지키다 • 110

인천상륙작전과 화약 수송 작전 • 114

한국화약주식회사 설립과 한국 화약산업의 미래 • 118

폐허 속에서 피어난 화약개발의 열정 • 121
시련 속에서도 멈추지 않은 다이너마이트
 국산화 작업 • 125
목숨을 건 시험 초화 작업 • 131
다이너마이트 국산화에 성공하다! • 134
'다이너마이트 김'의 탄생 • 137

Part 5
나는
불꽃이다

한국화약의 발전 • 145
사업 확장과 한국화약의 인재상 • 150
인간 김종희를 말하다 • 156
재평가되는 업적, 김종희 정신의 계승 • 176
불꽃으로 살다간 김종희 • 185

Part 01

책임지는 경영자
김종희

책임지는 경영자
김종희

이리역 폭발사고로 벼랑 끝에 서다

 몇 시간이 흘렀는지 모른다. 김종희가 있는 방 안은 침묵만 흘렀고 깊은 우물처럼 잠잠히 가라앉아 있었다. 방문 밖에서 안의 동정을 살피러 온 아내 강태영이 발소리를 죽인 채 초조하게 왔다 갔다 했다. 방문을 노크할 수도 없었고, 어차피 일이 터졌으니 일단 좀 주무시라고 얘기할 수도 없었다.
 혹시라도 안 좋은 생각을 할까 싶어 조급해진 강태영이 가만히 문에 귀를 댔다. 한참 만에야 기도 같은 읊조림과 낮은 한숨소리가 들렸다. 그녀 역시 낮게 한숨을 쉬며 서재에서 물러났다. 몇 시간째였다. 남편의 고통과 슬픔이 그대로 전해져왔다.
 그날도 김종희는 여느 날처럼 저녁 여덟 시에 퇴근하여 식사하고 평소처럼 방에 들어가 책을 읽었다. 그렇게 하루가 별일 없이 마무리되는구나 싶을 때 전화가 걸려왔다.

"회장님, 성 비서입니다. 놀라지 마십시오."

"왜? 무슨 일인데?"

"서너 시간 전에 화약을 싣고 가던 기차가 이리역(현 익산역)에서 폭발했습니다."

"뭐라고? 그, 그래서? 피해 상황은?"

"피해 규모가 워낙 큰 것 같습니다. 비서팀이 확인하고 있으니 다시 보고드리겠습니다."

전화를 끊은 김종희의 손이 자신도 모르게 덜덜 떨렸다. 25년이 넘도록 화약을 다루었고 크고 작은 사고가 있었지만, 이번에는 느낌이 달랐다. 먼저 공장이 아니라 사람이 많이 오가는 기차역이라는 점이 크게 마음에 걸렸다. 혹시라도 일어날 수 있는 사고를 방지하려고 그토록 안전에 힘쓰고 직원들에게 주의를 주었는데 말짱 헛일이 된 것이다.

김종희가 되풀이해서 강조하는 주의사항을 짜증스러워하는 직원도 있었다.

"회장님 주의사항 때문에 귀에 딱지가 앉겠네. 사고가 그렇게 쉽게 나나."

"그러게. 걱정이 워낙 많으시니."

"아니야. 화약사고는 순식간에 일어나. 주의사항은 무조건 지켜야지."

다이너마이트는 에너지가 강력한 만큼 항상 위험에 노출되어 있는 셈이다. 김종희는 화약을 공부하면 할수록 화약 다루는 일은 예방과 안전만이 살길이라는 확신이 들었다. 실제로 알프레드 노벨이 33세 때인 1866년 니트로글리세린을 보관 중이던 독일 함부르크 공장 연구실에서 폭발사고가 일어나 노벨의 동생 에밀과 직원, 행인 등이 사망하는 일도 있었다.

최초의 다이너마이트는 니트로글리세린을 규조토에 흡수시켜 만든 규조토 폭약이었다. 규조토 폭약은 액체인 니트로글리세린보다 훨씬 안전하고 기존의 흑색폭약보다 폭발력이 다섯 배나 강했다. 노벨은 규조토 폭약에다 그리스어로 '힘'이라는 뜻을 지닌 다이너마이트(dynamite)라는 이름을 붙였다.

이리역 폭발사고보다는 작은 규모였지만 해방 후 얼마 되지 않아 인천화약공장에서 부주의와 무지로 폭발사고가 일어난 적이 있다. 한국화약이 그 회사를 인수했을 때는 아니었지만 누구든 사고를 당할 수 있다는 생각에 더욱 조심하는 계기가 된 사고였다. 그 이후 김종희는 사고에 아주 예민해져서 공장에서 작은 사고만 나도 가슴이 답답하고 심장이 터질 것처럼 쿵쾅거리는 증상까지 생겼다.

1945년 8월 15일 해방이 되고 난 후 황무지가 되다시피 했던 우리나라의 화약산업은 남과 북이 38선으로 갈리면서 남한 쪽이 더욱 큰 타격을 받았다. 일본인들이 세운 화약 제조회사 네 곳 중 세 곳은 북한 지역에 있었고 남한에는 일본유지주식회사가 출자하여 건설한 조선유지주식회사 인천화약공장 한 곳밖에 없었기 때문이다.

인천화약공장은 일제강점 말기에 건설이 시작되었고 해방 전 부분적으로 가동하긴 했지만, 건설이 완전히 끝나지 않은데다가 일본인들이 철수하고 난 후에는 공장을 가동할 기술자도 없었다.

그런 중에도 일제강점기부터 화약과 관련된 일을 하던 사람들은 여전히 화약 생산에 관심이 있었다. 1945년 11월 30일에는 인천화약공장의 복구와 화약 생산을 검토하기 위해 조선산업건설협회 부위원장 최두선과 최진관 등이 시설 견학차 공장을 방문했다. 이들 일행은 공장을 둘러보던 중 대규모 폭발사고를 당하여 사망하고 말았다. 두 사람을 비롯하여 공장자치위원회를 구성해 공장을 지키고 있던 조선인 종업원 12명이 현장에서 사망하고 6명이 부상을 당하는 큰 사고였다. 경찰에서 사고 원인을 조사한 결과, 철수하던 일본인들이 미리 장치해놓은 폭발물이 터져서라는 결론을 내렸다. 당시 언론에서도 다음과 같이 보도했다.

이것이 사실이라면 일본인들은 마지막 순간까지 극악무도한

조선유지 인천화약공장 사고를 다룬 동아일보 1945년 12월 9일자 기사

짓을 저지르며 최후의 발악을 했다고 볼 수 있다. 하지만 김종희는 그것이 사실이 아님을 간파했다. 인천화약공장을 인수하면서 면밀히 조사해본 결과 사고가 일본인 때문에 일어난 것이 아니라는 사실을 알게 되었다.

실제로 사고 원인은 견학하던 사람들의 사소한 부주의에 있었다. 그들은 화성공실이라 부르는 뇌홍 제조공실에 들어갈 때 '쇠징'이 박힌 구두를 신었는데, 쇠가 공실 바닥에 흩어져 있던 건조된 기폭약, 즉 뇌홍과 마찰하면서 폭발한 것이었다. 3개월이 넘도록 방치해두었던 뇌홍 공실에 들어가면서 적어도 바닥에 물을 뿌린다든가 고무신을 신는 등 마찰을 방지할 수 있는 최소

한의 안전수칙도 지키지 않았던 것이다.

그때도 김종희는 화약에 대해 그렇게 무지할 수 있는지 안타까운 마음을 금할 수 없었다.

이리역 폭발사고를 수습하다

방송과 신문은 연일 이리역 폭발사고를 다루었다. 1977년 11월 11일 오후 9시 15분 이리역에서 발생한 열차 폭발사고는 상상할 수 없을 만큼 인명의 사상과 막대한 재산피해를 내고 말았다. 사고도 사고였지만 유언비어가 마구 떠돌았고 한국화약주식회사를 비난하는 언론과 민심의 공격이 드셌다. 방송에서는 북한이 무장공비를 보내서 폭파사건을 일으켰다고 했고 당장 전쟁이 일어날 것처럼 민심이 흉흉했다.

하지만 김종희는 이번에도 북한의 소행은 아니라고 생각했다. 인천화약공장 사고 때처럼 문제의 화살을 무조건 북한으로 돌리는 것은 불합리한 처리 방법이었다. 사실 무장공비의 소행이라는 주장에 슬쩍 묻어가면 그의 책임은 반감될 수도 있을 것이다. 하지만 김종희는 북한의 소행이라는 말에 한마디도 보탤 생각이 없었다.

김종희는 서재의 문을 열었다. 거실에 있던 아내가 초췌한 얼

1977년 이리역폭발사고

굴로 그를 바라보았다. 그제야 김종희는 밤새 혼자 씨름한 것이 아니었음을 알 수 있었다. 강태영은 모든 것을 내려놓은 듯 슬픈 것 같으면서도 그 어느 때보다 침착한 남편의 얼굴을 보았다. 그녀는 남편이 어떤 결정을 내리더라도 믿고 따르리라고 생각했다.

정확한 사고 경위는 사고 다음 날인 11월 12일 아침 여섯 시나 되어서야 들을 수 있었다. 당시 임원이었던 오 상무가 보고한 피해 상황은 상상을 초월할 정도로 엄청났다.

이리역 폭발사고 경위는 다음과 같았다.

1977년 11월 9일 인천에서 출발하여 광주로 가던 한국화약주식회사의 화약열차가 10일 11시 31분에 다른 열차와 함께 이리역에 도착했고, 1605호 화물열차에 중계되어 목적지인 광주로 출발하기 위해 사고지점인 4번 입환대기선入換待期線에 머물러 있었다. 한국화약주식회사 호송원 신무일 씨는 화약류 등의 위험물은 역 내에 대기시키지 않고 곧바로 통과시켜야 하는 원칙을 무시한 채 수송을 늦추고 있는 이리역 측에 항의했으나 묵살되자 이리역 앞 식당에서 술을 마신 뒤 화약열차에 들어갔다.

그는 화물열차 안이 어둡다는 생각이 들자 논산역에서 구입한 양초에 불을 붙여 화약상자에 세워놓은 뒤 침낭 속에 몸을 묻고 잠에 빠져들었다. 술에 취해서인지 그는 깊이 잠들었고 미처 끄지 못한 촛불이 화약상자에 옮겨 붙어 대규모 폭발사고가 일어난 것이다.

폭발한 열차에는 다이너마이트 상자 914개(22톤), 초산 암모니아 상자 200개(5톤), 초안硝安 폭약 상자 100개(2톤), 뇌관 상자 36개(1톤) 하여 합계 1,250상자 30톤분이 실려 있었다. 다이너마이트가 터진 이리역 구내에는 깊이 15m, 지름 30m의 큰 웅덩이가 파였다. 역 구내에 있던 객차·화물열차·기관차 등 30량가량이 파손되었고 철로가 엿가락처럼 휘었다. 반경 2km 내에 있던 건물은 흔적도 없이 사라져버렸다.

전라북도가 집계한 열차 폭발사고 인명피해는 사망자 59명, 중상자 185명, 경상자 1,158명 등 총 1,402명에 달했다. 피해 가옥 동수는 전파가 811동, 반파가 780동, 소파가 6,042동, 공공시설물을 포함한 재산 피해 총액이 61억 원에 달했다. 이로써 발생한 이재민 수만도 1,674세대 7,873명이나 되었다.

김종희는 진상을 채 파악하기도 전에 보고를 마친 오 상무를 시켜 신문에 낼 사과문부터 기안하게 했다. 오 상무는 사고 원인도 다 밝혀지지 않았는데 회사 측에서 사과문을 발표하는 것에 이의를 제기했다. 사고가 난 이유 중 하나로 이리역의 업무 처리 관행을 문제 삼는 등 책임을 줄일 수 있으리라 생각했기 때문이다. 하지만 김종희는 세세하게 사고 원인을 찾고 잘잘못을 따지는 것이 아무 의미가 없다고 생각했다. 대표자로서의 책임, 아랫사람을 잘 교육하지 못한 모든 책임을 지는 것이 중요했다.

김종희는 오 상무에게 수십 명이 사망하고 중경상자가 천 명이 넘는데 무슨 이유가 필요하냐고 호통을 쳤다. 그날 중앙지 석간신문에 다음과 같은 사과문이 실렸다.

謝過文

1977年 11月 11日 밤 裡里驛에서 일어난 火藥爆發로 國民 여러분께 걱정을 끼쳐 드린데 대해 우선 紙上을 通하여 심심한 謝過의 말씀을 드립니다

특히 이 事故로 不意의 慘變을 당하신 死亡者의 靈前에 삼가 冥福을 빕니다

死亡者의 遺家族과 負傷者 및 그의 家族 여러분과 裡里市民 여러분에게 무어라 罪悚한 말씀을 드려야할지 모르겠읍니다

황급한 마음으로 우선 紙上을 통하여 國民 여러분들에게 깊은 謝過의 말씀을 올립니다

1977年 11月 12日

韓國火藥株式會社

동아일보 1977년 11월 12일자에 실린 한국화약주식회사 사과문

하지만 여론의 질책은 비정하리만큼 냉엄했다.

"사고 책임의 소재와 응분의 책임 추궁."

"관계자들의 뿌리 깊은 타성과 부주의 무관심."

"무사안일주의가 빚어낸 어처구니없는 인재."

"유비무환의 뼈아픈 교훈."

김종희는 외부에서 쏟아지는 어떤 비판에도 변명 한마디 하지 않고 겸손하게 대처했다. 그러면서 그는 밤새 간절히 기도했다. 마음속으로 영국성공회 신부 세실 허지스(Cecil Hodges, 1880~1926)

를 찾기도 했다. 그가 있었다면 무어라고 했을까. 겟세마네 동산에서 땀이 피가 되도록 기도했던 예수도 생각했고, 순간에 모든 것을 잃어버린 욥도 생각했다. 아무리 큰 사건이라도 재산에 자식까지 잃어버린 욥에 비하면 아무것도 아닐지 몰랐다.

밤새 고민한 결론은 "죽으려 하면 살고 살고자 하면 죽는다"였다. 사업가에게 재산은 생명 같은 것이었다. 아무리 욕심을 버린다 해도 모두 내놓기는 쉽지 않은 일이었다. 25년 동안 이루어놓은 재산을 헤아려보니 90억 원쯤 되는 것 같았다. 그는 자신이 빈손으로 왔다가 빈손으로 가야 하는 존재임을, 지금까지 이루어낸 것도 하느님이 주신 것임을 인정했다. 주신 분이 가져가겠다면 전부 돌려드리는 것이 맞는다고 생각했다. 처음으로 돌아가 맨손으로 떳떳하게 새 출발을 하겠다고 마음을 정리했다.

"그래. 내가 죽는 것이다. 육신은 죽지 못해도 전 재산을 내놓는다."

김종희는 사고에 대한 모든 책임을 질 것이라는 내용의 사과문을 다시 한번 발표했다.

진실을 담은 그의 사과문은 가식이 없었고, 한 줄 한 줄이 깊은 책임감에서 나온 것임을 알 수 있었다. 사과문을 보는 국민도 그의 진정성을 느끼기 시작했다.

김종희는 사과문 발표 후 결의한 대로 자신의 전 재산에 해당

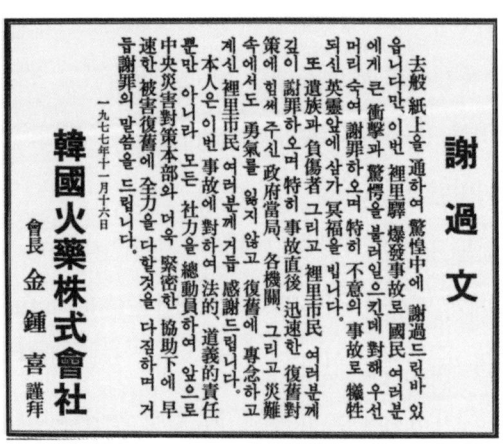

동아일보 1977년 11월 16일자에 실린 한국화약주식회사의 두 번째 사과문

하는 90억 원을 피해보상금으로 내기로 했다. 그의 행보를 보고 가장 놀란 것은 재계였다.

"왜 그 엄청난 보상금을 한국화약 혼자서 다 뒤집어쓰는 거야?"

"다른 데도 원인이 있다잖아. 설사 정부에서 그렇게 내라고 하더라도 깎자고 해야지 답답하기는."

"사업을 하다 보면 그럴 수도 있지. 순진하게 다 내?"

당시 90억 원을 현재 가치로 따지면 740억 원이나 되는 거액이었다.

이후 정부와 사회 여론의 반응이 달라졌다. 피해 보상금은 받아내야 하지만 회사가 망할 정도로 과도한 처리방식은 안 된다는 것이었다. 정부는 한국화약도 살리고 피해 보상금도 받아낼 방법을 고민했다. 피해 보상금 90억 원을 30억 원씩 3년에 나누어 납부하라는 것이었다. 당시 한국화약의 순이익은 연 40억 원으로 분납을 하면 경영에 큰 무리가 없었다.

김종희에 대해 이러쿵저러쿵 입방아를 찧던 재계 인물들에게서 이전과는 다른 반응이 나왔다.

"김 회장이 처신을 잘한 거야. 이 핑계 저 핑계 대지 않고 '전부 제 책임입니다' 하고 나왔으니 사람들이 진심을 믿어준 거라고. 결국 살신성인의 정신이 회사를 위기에서 구해낸 거지."

"그때 김 회장이 자기나 살자고 했으면 회사가 날아갔을지도 모를 일이야. 평소 김 회장이 부르짖던 생즉사사즉생生卽死死卽生의 정신 아닌가? 대단해."

필사즉생

그 후 중앙재해대책본부 등이 구성되어 재해 복구 활동이 시작되었다. 박정희 정부는 천막촌을 건설하여 이재민을 수용했고, 민심을 위로하기 위해 1977년 11월 19일 '새 이리 건설 계획'을 발표했다. 피해 지역에는 아파트 1,180가구가 들어서며 이리역 주변은 이전과는 전혀 다른 모습으로 탈바꿈하게 되었다.

당시 사고에 대한 응분의 책임을 지겠다는 그의 의지는 방위산업체라는 한국화약그룹의 이미지를 새롭게 부각시켰다.

이리역 폭발사고를 계기로 큰아들 김승연이 미국 유학을 마치고 돌아왔다. 김종희는 아들에게 폭발사고로 인명 피해를 많이 냈다는 것에 대한 자책감과 괴로운 마음을 토로했다. 김승연은 미국 유학 시절 미국으로 출장 온 아버지와 이야기를 많이 나누곤 했다.

"아버지는 잘 먹고 잘살려고 사업을 시작한 것이 아니다. 돈을 버는 것은 의미 있는 일에 쓰고자 하는 목적을 달성하기 위한 수단이지 돈 자체가 목적이 되어서는 안 된다. 사업하는 사람은 소명의식이 있어야 해."

김승연이 단번에 아버지 결심에 동의한 것도 평소 아버지의 사업 철학과 돈에 대한 생각을 알고 있었기 때문이다.

Part 02

후학을 기르다

후학을 기르다

북일고등학교에 대한 사랑과 열정

　김종희는 이리역 폭발사고가 일어나기 1년 전인 1976년, 일생의 작품이라고 해도 될 만한 큰일을 마치고 한껏 고무되어 있었다. 김종희의 오랜 바람은 고등학교를 하나 세우는 것이었다. 사람들은 이왕이면 대학교를 세우지 왜 고등학교냐고 물었다. 하지만 김종희의 교육관은 확고했다.

　본인의 경험을 생각해볼 때 감수성이 가장 예민한 고등학교 시절이 중요하다고 판단했고, 이때야말로 지원이 필요하다고 생각했기 때문이다. 그는 인재들이 모이는 유명한 대학이 아니라 인재를 양성하는 진짜 교육 사업을 해보고 싶었다. 김종희에게는 어린 시절 다닌 북일사립학교에서의 인상이 강하게 남아 있었는데,

그 기억이 다른 지역이 아닌 천안을 고집하는 이유이기도 했다.

김종희는 아내 강태영과 함께 공장을 짓기 위해 마련해놓았던 천안시에 있는 땅을 보러 나섰다. 국사봉 자락에 있는 땅이었다. 강태영이 국사봉의 뜻을 풀어 "옛사람들이 이 자리에 국사를 길러낼 학교가 들어설 것을 미리 알았나 봐요"라고 의견을 냈고, 김종희도 두말없이 수용했다.

학교법인 명칭은 김종희가 어릴 적 다닌 학교 이름을 따서 천안북일학원으로 정했다. 김종희는 천안북일고등학교 건립 공사 현장에 매주 토요일 들러서 관심 있게 둘러보며 일일이 챙겼다. 드디어 1976년 3월 6일 국사봉 3만 평(99,180m²) 대지에 천안북일고등학교가 완공되어 개교할 수 있게 되었다.

천안북일고개교식

천안북일고는 당시로는 흔히 볼 수 없었던 수세식 화장실과 난방용 라디에이터 시설과 함께 교실 바닥은 인조 대리석으로 깔고 시청각 교육실과 어학 실습실, 옥외 수영장과 기숙사를 갖춘 초현대식 시설로 되어 있었다. 또 우수교사를 초빙하는 한편 집안 형편이 어려워 공부를 못하는 학생이 없도록 파격적인 장학금 제도를 도입했다. 최고의 교사를 유치하겠다는 목표를 이루기 위해 교사에게 사택을 제공하고 보너스를 연간 600퍼센트 제공하기로 했다.

이 같은 노력으로 천안북일고등학교는 명문학교로 자리매김하여 인재 양성의 요람이 되었다. 천안북일고의 건학이념은 다음과 같이 정리되어 있다.

1976년 한화그룹 창업주 현암 김종희 선생이 동양 제일의 교육 환경과 교육 시설에 무제한의 장학금을 쾌척하여 설립한 일반계 고등학교입니다. 학문에 뜻을 둔 인재를 발굴하여, 개인의 경제적 여건에 구애받지 않고, 면학에 정진케 하여 국가 사회에 기여 봉사할 유용한 역군으로 양성함을 건학이념으로 하고 있습니다.

- 나라 사랑의 기업인 김종희

새로운 인재를 양성한 김종희의 교육관

"새 시대에는 능력 있는 새로운 인재가 필요하다. 학교 교육도 시대가 요구하는 동량재를 교육해야 하는 의의가 있으므로 국가 백년대계의 근본적 초석이 된다. 이러한 원대한 포부를 지니고 학문에 뜻을 둔 인재를 발굴하여 개인의 경제적 여건에 구애받지 않고 면학에 정진해 국가 사회에 기여 봉사할 유용한 역군을 양성함을 목적으로 한다."

이러한 뜻을 담은 김종희의 교육관은 세 가지 행동강령으로 나타났다.

바윗돌에 친필로 쓴 교훈탑

1. 신념 : 자기 생각을 굽히거나 의심하지 않으려는 의지 또는 정신적 태도로, 북일인이 앞으로 하는 일에 있어서 이러한 신념이 반드시 동반되어야 할 것입니다.

2. 용기 : 씩씩하고 굳센 기운으로 북일인은 어떤 상황에서도 겁내지 아니하는 기개를 가지고 있어야 합니다.

3. 봉사 : 국가나 사회 또는 남을 위하여 자신을 돌보지 아니하고 힘을 바쳐 애써야 합니다. 진정한 의미의 봉사란 마음에서 우러나오는 봉사여야 합니다. 북일인은 나보다 타인을 먼저 생각하는 정신적 수양을 동반해야 할 것입니다.

천안북일고등학교에 대한 김종희의 애정은 1977년 교목으로 목백합(Tulip tree)을 기증한 것으로도 알 수 있다. 목백합은 목련

천안북일고, 봉황대기 고교야구 우승

김종희가 기증한 교목 목백합이 자라 이제는 북일고등학교의 상징이 되었다.

과에 속하는 백합나무로 국내에서는 희귀한 수종이다. 목백합은 위용이 다른 나무와는 판이하고 그 웅지가 다른 어떤 나무와도 비교할 수 없을 만큼 뛰어나다.

이와 더불어 1977년 야구부와 유도부를 발족했는데, 각종 전국대회에 출전하여 패권을 다투며 상위권에 입상했다. 특히 야구부가 봉황대기전국고교야구대회에서 우승하면서 북일고는 야구 명문고로도 발돋움하게 되었다.

김종희의 정성과 교사들의 열정, 학생들의 노력으로 1979년 1회 졸업생 중 98퍼센트가 대입 예비고사에 합격하면서 천안북일고는 공부에서도 신생 명문고로 떠올랐다.

2008년 8월에는 학교 이름을 북일고등학교로 바꿔서 오늘에 이르고 있다.

Part 03

김종희의
정신적 지주

김종희의
정신적 지주

김종희에게 영향을 미친 사건

　김종희가 후학 양성에 힘을 쏟은 이유는 크게 두 가지 사건에서 영향을 받았기 때문이라고 볼 수 있다.

　첫째는 초등학교 때 다닌 북일사립학교와 관련한 것이다.

　김종희는 1922년 11월 12일 충청남도 천안군 천안면 부대리에서 아버지 김재민과 어머니 오명철의 둘째 아들로 태어났다. 부대리는 주변에 산이 많고 토질이 척박한 가난한 마을이라 모두들 형편이 팍팍하고 어려웠다. 하지만 주변 경치는 눈부시게 아름다웠다.

　영국성공회 신부 세실 허지스는 당시 우리나라 평범한 농촌의 사계四季를 다음과 같이 묘사했다.

주변 어디에나 펼쳐져 있는 언덕들의 윤곽과 그 언덕들 위에 드리운 빛과 어둠이 교차하는 모습은 아주 아름답다. 언덕들은 나무들이 거의 없어 헐벗은 채 장관을 이룬다. 그래서 산속의 오두막집이나 고관대작의 묘지, 혹은 언덕 꼭대기에 자리 잡은 절 같은 곳 주변에 있는 언덕은 경치가 더 좋은 편이다. 시골은 겨울에는 황량하고 때때로 눈에 덮여 있다가, 시냇물 위에 둥둥 떠 있는 얼음조각들이 강을 따라 미끄러져 바다로 내려갈 즈음이면, 순식간에 지나버리는 너무도 짧은 봄철에 온통 꽃동네가 되고 만다. 언덕은 진달래가 분홍빛으로 물들이고, 평지는 바이올렛꽃으로 푸른색이 되어버리고, 복숭아꽃, 자두꽃, 벚꽃, 배꽃이 온 계곡에 흐드러지게 피어난다. 하지만 한국이 가장 아름답고 온갖 색깔로 넘쳐나는 계절은 바로 늦여름과 가을이다. 바로 그때 감나무에 잎과 열매가 달린 모습이야말로 절경이다. 그리고 한국의 시월은 정말 살맛나는 계절인데, 낮은 더우면서도 상쾌하고, 밤은 선선하여 모기장을 치면서도 담요를 다시 덮기 시작한다. (중략)

철에 따라 엄청나게 많은 꿩, 백조, 거위, 오리 등을 마주치기도 하고, 들판에서 먹이를 쪼고 있는 붉은 따오기 떼나 커다란 능에 떼를 무심결에 놀라게 만들기도 한다. 황금빛 햇무리가 휙 지나가 버리는가 하면, 여유 있게 훨훨 나는 커다랗고 멋진 호랑나비나 붉은색, 파란색, 노란색으로 찬란하게 빛나며 쏜살

같이 날아다니는 잠자리가 동무가 될 때도 있다.
- 『영국성공회 선교사의 눈에 비친 한국인의 신앙과 풍속』, 세실 허지스 외, 안교성 옮김, 살림, 2011, 23~24쪽.

당시 우리나라는 조선 왕조 500년간 유교가 지배하고 있었고, 여기에 더해 관습과 미신이 뒤엉켜 있었다. 새로운 삶이나 세상을 꿈꾸기보다는 현재의 삶을 유지하며 어떻게 먹고살 지가 자나 깨나 숙제였다. 종교적으로 볼 때는 애니미즘 시대라고 할 만했다. 고목에 붉고 흰 헝겊, 종이, 짚 등을 매달아 횡액을 피하거나 소원이 이루어지길 바랐다. 다래끼가 나면 부어오른 쪽의 눈썹을 뽑아 땅 위에 놓고 작은 돌을 올려놓기도 했다. 누군가 무심코 그 돌을 차면 눈병이 그 사람에게 옮겨가고 다래끼가 있던 사람은 낫는다고 믿었다.

길을 가다 보면 가끔 이상한 짚 인형이 놓여 있거나 심지어 종이로 동전을 꽈서 인형에 매달아놓은 것을 발견할 때도 있었다. 이런 것들은 신수를 보거나 점을 보았을 때 죽거나 횡액을 당한다는 괘가 나오면 불행을 막을 목적으로 만들어놓은 것인데, 인형을 건드리거나 동전을 집어가는 사람에게 그 불행이 옮겨가기를 바라는 것이기도 했다.

마을마다 무당이 있어서 신체적인 질병이나 정신적인 병이 있을 때 점을 치고 부적을 쓰고 굿을 했다. 굿을 해서 그 사람을 해코지하던 귀신을 잡으면 병 속에 넣고 마개 위에 한자로 쓴 누런 부적을 붙인 뒤 단단히 봉해서 땅속에 묻었다.

금기와 두려움은 다른 사람에게 불행을 전가해서라도 살아남고 싶어 하는 희망으로 바뀌었고 당연히 내 집, 내 식구, 내 자식만을 가장 중요한 가치로 삼고 살아가게 되었을 것이다. 한편 농경문화 특유의 단합력이 있어 매사 협력하고 예의 발랐으며 이웃 간의 정도 끈끈했다.

성공회 신부 세실 쿠퍼를 만나다

김종희 아버지 김재민은 체격이 건장하고 한시도 쉬지 않을 만큼 부지런했으며 천성이 과묵했다. 하지만 워낙 먹고사는 사정이 나빠서 농한기인 겨울에는 산에서 나무를 해서 장에 내다 팔아 식량 사는 데 보태야 했다. 봄이 되면 사정은 더욱 어려워져 가파른 보릿고개를 넘어야만 했다. 힘들게 살아도 대안이 없으니 해마다 어려움이 더해지면 더해졌지 나아질 기미가 보이지 않았다.

국가적으로 보면 1876년 2월 27일 일본에 문호를 개방하기 시작한 후 계속 침탈을 당했던 조선이 1905년 을사늑약을 맺음으로써 대한제국의 외교권마저 빼앗기게 되었다.

김종희가 태어나기 3년 전인 1919년에 3·1운동이 일어나고 그 영향으로 대한민국임시정부가 수립되었다. 하지만 일제의 민족 차별과 폭력적인 정책들은 점점 더 엄혹해졌고, 많은 사람이 핍박 속에서 살아가고 있었다. 천안은 유관순 열사의 독립운동 발상지로 일본의 감시가 더욱 살벌했는데 천안 시내는 대규모 시위나 집회가 벌어질까 우려한 일본군이 총과 검을 가지고 거리를 순찰하며 감시하는 분위기였다.

부대리 마을 전체가 엄청나게 가난했지만 자랑거리가 하나 있었는데 성당과 학교가 있다는 것이었다. 부대리 성당은 영국성공회에서 세웠는데, 당시 성공회에서는 열악한 우리나라 환경을 개선하고자 유치원과 병원을 세우는 등 교육, 의료 사업을 전개했다. 가난하고 배우지 못한 사람들에게 복음을 전하려고 우리말로 된 문서를 보급하기도 했다.

1910년에는 성공회 신부 세실 쿠퍼(한국명 구세실具世實)가 부대리에 사제로 부임했다. 쿠퍼 신부는 해군 장교 출신이자 인도 총독의 아들로 케임브리지대학을 졸업하고 1908년 26세의 나이에 대한성공회 선교사로 한국에 와서 평생을 한국과 인연을 맺는다. 쿠퍼 신부는 우리나라에 와서 23년간 사역하다가 1931년 6월 11일 영국 런던의 성 바울로 대성당에서 주교로 서품되어 대한성공회 제4대 주교가 되었다.

쿠퍼 신부는 주교 부임 직후 3개월 동안 30개 교회를 순회하는 등 매년 30~40개 교회를 전도 순회했고, 400명에서 500명씩 견진성사堅振聖事를 베풀었다. 그 결과 불과 2년 만에 신자가 2,500명으로 증가했을 정도였다.

현재 서울시청 옆에 있는 세실극장(1976년 개관)은 이 세실 쿠퍼의 이름을 붙인 건축물이다. 세실극장은 극문화는 물론 현대사, 건축·문화예술의 가치를 간직한 공간이다. 서울연극제 전신인 '대한민국연극제' 1회 개최지이자 연극인 회관으로 사용되는 등 1970~1980년대 소극장 연극의 중심에는 세실극장이 있었다. 세실극장은 2013년 건축·문화예술의 가치를 인정받아 서울 미래유산으로 등록되기도 했다.

쿠퍼 신부는 부대리에 성당을 새로 짓고 30평(99.1m²)짜리 교실 두 칸을 세워 북일사립학교를 열고 마을 아이들에게 신학문을 가르쳤다. 쿠퍼 신부를 만난 일은 하나의 큰 사건으로 김종희의 삶에 커다란 영향을 미치게 된다.

더 큰 세상으로 나아갈 꿈을 키우다

김종희는 세실 신부가 세운 학교에 가는 것이 무엇보다 행복하고 재미있었다. 주교님의 강론 중에는 이전에 한 번도 듣지 못했던 얘기가 많았다. 예수라는 분이 우리 대신 십자가에 못 박혀 우리 죄를 사하여 주셨고, 하느님이 세상에 나를 보내신 이유는 다른 사람들에게 도움이 되는 삶을 살게 하려 하셨기 때문이라고 했다. 뒷날 김종희가 사업을 하면서 돈에 대한 철학을 세울 수 있었던 것도 세실 신부 덕분이었다. 세실 신부가 그에게 행동과 실천으로 보여준 나눔과 베풂이 가장 큰 가치가 되었고 "오른손이 하는 일을 왼손이 모르게 하라"는 말을 평생 실천의 기준으로 삼기도 했다.

김종희에게 가장 놀라웠던 얘기는 세상은 참으로 넓고 누구든 큰 세상을 향해 나아갈 수 있다는 것이었다. 주위 사람 중 그 누구에게도 듣지 못한 이야기였다. 김종희는 신부님의 얘기도 좋았지만 언제나 활짝 웃으며 반갑게 맞아주는 분이 있다는 것이 너무나 행복했다. 김종희가 성당에 가면 세실 신부는 두 팔을 벌려 안아주었다.

"오, 디도! 어서 와라. 춥지?"

디도라는 세례명을 받은 김종희는 세실 신부가 부드러운 목소리로 '디도'라고 불러주는 것이 그렇게 좋았다. 김종희는 기분이 좋아도, 개구쟁이 짓을 하다가 어른에게 꾸중을 들어도 성당으로 뛰어갔다.

어느 날 김종희는 세실 신부에게 배가 아프다고 한 적이 있다. 세실 신부가 죽을상을 하고 있는 종희의 배에 귀를 대보았더니 꾸르륵 소리가 요란했다.

"디도. 그건 배가 아픈 게 아니라 고픈 거야. 집에 가서 밥 먹으면 괜찮아요."

세실 신부는 추운 겨울날에도 자신을 위해서는 불을 때지 않을지언정 아이들을 위해서는 기꺼이 난로를 피웠다.

어린 김종희는 한 달에 한 번 구호품이 도착하는 첫째 주 토요일을 간절히 기다렸다. 세실 신부는 구호품을 받기 위해 천안역으로 가곤 했다. 김종희는 오토바이를 타고 떠난 세실 신부가 돌아오기를 목이 빠져라 기다렸다. 세실 신부가 돌아오면 성당 앞마당에 각종 생활용품이 한가득 쌓였다. '세실 쿠퍼 선교후원회'에서 정성스럽게 보낸 물품들이었다. 김종희는 온갖 신기한 물건들을 보기만 해도 마냥 신났다.

"자, 디도! 어디 보자…. 우리 디도에겐 뭘 주면 좋을까?"

집에도 안 가고 학교에 남아 있는 김종희에게 세실 신부가 꾸러미를 열어 공책과 연필, 먹을거리를 집어주었다.

"와, 고맙습니다!"

김종희뿐만 아니라 동네 아이들에게 세실 신부는 산타클로스 할아버지 같은 존재였다. 부대리에 사는 아이들 가운데 신부님의 도움을 받지 않은 아이들이 없었다. 만일, 북일사립학교가 없었다면 김종희도 신학문을 공부하는 일은 꿈도 꾸지 못했을 것이다. 그렇게 김종희는 천안 부대리가 아니라 더 큰 세상으로 나아가는 꿈을 키웠다.

김종희가 그렇게 2학년을 마쳤을 때 온 가족이 대전으로 이사해야 하는 일이 생겼다. 아버지가 장사에 실패하면서 고심 끝에 날품팔이라도 하겠다고 마음먹었기 때문이다. 김종희에게 부대리는 세실 신부가 있어서 진정한 고향이었고 그를 떠난다는 것은 상상도 할 수 없는 일이었다.

세실 신부는 김종희의 머리를 쓰다듬으면서 말했다.

"디도, 다른 곳에 가서도 공부 열심히 하고 하느님 말씀 잘 따라야 한다. 디도가 어디에 있든 하느님은 꼭 지켜주실 거야. 가끔 나도 찾아오고, 알았지?"

김종희는 세실 신부와 헤어지고 나서 한동안 그를 만나지 못했다. 김종희가 그동안 직산공립보통학교를 거쳐 1937년 경기도립상업학교에 입학했기 때문이다.

진로를 놓고 아버지와 의견이 갈리다

대전에서의 생활은 만만치 않았다. 일곱 식구가 아버지의 날품팔이로 살아가기는 어려웠다. 게다가 아버지는 평생 농사를 지은 터라 얕은꾀를 쓰거나 누구에겐가 빌붙는 등의 행동을 하지 못했다. 쌀이 떨어지는 것은 예사였고 아이들을 학교에 보내는 것은 엄두도 못 낼 정도로 살림이 어려웠다.

그렇게 1년이 지날 무렵, 김종희네 가족에게 희소식이 날아들었다. 아버지 김재민에게는 두 살 터울인 사촌동생 김봉서가 있는데 김재민은 사촌동생을 끔찍이 사랑하여 김봉서가 말썽을 피우면 김재민이 대신 종아리를 맞을 정도였다.

김봉서가 열두 살에 고향을 떠났을 때 동네 사람들은 그가 '노다지'에 미쳐 돌아다닌다고 손가락질을 했지만 김재민은 그를 믿었다. 김봉서는 여주군에 있는 어느 사금광에서 일하게 되었는데 일본인 사장의 신임을 얻어 책임자가 되었다. 김봉서는 워낙 담대하고 야무진 성격이라 일본인도 꼼짝 못하게 휘어잡는 통솔력이 있었다. 일본 사장 밑에서 일을 배운 김봉서는 독자적으로 금광사업을 해서 성공했다. 그러자 인심이 후했던 그는 어려운 일가친척을 도와주는 일에도 기꺼이 나섰다. 그런 김봉서가 김종희네 사정을 듣고는 자신의 아들 김종호를 김재민에게 보내 소식을 전한 것이다.

오랜만에 만난 두 사람은 반가워서 어쩔 줄 몰랐다. 김봉서는 사촌형에게 당장 자기가 지어놓은 집으로 이사하라고 했다. 아래윗집에서 형님, 동생하며 우애 좋게 살자는 이야기였다. 김재민은 직산리를 떠나 상덕리에 있는 김봉서의 옆집으로 이사했다. 김봉서는 집을 마련해준 것은 물론 사금광의 광구 한 곳을 떼어 사촌형에게 주었다.

김종희는 그 지역에서 이름이 꽤 알려진 직산공립보통학교에 편입했다. 김종희의 집에서 10리 길이었지만 학업에 대한 꿈이 간절했던 그는 비가 오나 눈이 오나 열심히 학교에 다녔다. 형편도 많이 나아져 부대리와 대전에서 고생스러웠던 기억이 까마득할 정도였다. 이때도 김종희는 도시락을 넉넉히 싸다가 형편이 어려운 친구들과 나눠 먹었다.

고등학교에 진학해야 하자 김종희는 도상(경기도립상업학교)을 지원했지만 떨어지고 말았다. 김재민은 아들이 도상 시험에서 떨어진 것에 크게 마음을 두지 않았다. 큰아들이 이미 서울에서 공부하고 있으니 김종희는 집에 남아 농사짓기를 바랐기 때문이다. 아버지는 5남매 중 둘째인 김종희가 농사를 이어받아야 한다고 생각했다.

김재민은 그때쯤 사금광에서 번 돈으로 차곡차곡 농토를 장만해서 제법 규모를 갖추고 있었다. 가난을 처절하게 경험해본 그에게 믿을 것은 농토밖에 없었다. 김재민은 농사일을 하러 나갈 때 김종희를 데리고 가곤 했다. 아버지를 도와 일을 하다 쉴 때면 김종희도 아버지가 바라보는 벌판을 말없이 바라보곤 했다. 아버지가 무겁게 입을 열었다.

"농사짓는 사람은 땅에 뼈를 묻어야 헌다. 괜히 헛바람 들면 아무 소용 읎어. 너는 아비 밑에서 그저 성실하게 일을 배워서 뿌리내리고 살아야 혀. 기술이니 신학문이니 해도 농사가 제일인 거여. 땅은 사람이 흘리는 땀을 절대 속이지 않으니께. 곧이

곧대로 돌려주는 것이 땅이여."

하지만 김종희는 아버지와 생각이 달라서 공부를 더 하고 싶었다. 자식을 위해 땅 한 뙈기라도 넓히려는 아버지 마음은 잘 알았지만, 김종희는 신학문을 접하면서 새로운 세계가 있다는 사실에 눈을 떴고 어딘가 자신이 가야 할 곳이 분명히 있을 거라고 확신했다. 하지만 고등학교 시험을 보면서 이번에 떨어지면 농사일을 하겠다고 얘기한 것도 있어서 김종희는 매우 난처한 상황이 되었다.

공부를 계속하고 싶어 가출하다

아버지는 아들이 마음을 잡지 못할까 싶어 지게부터 사와서는 지어보라고 했다.

"이게 딱 맞춤이다. 큼직한 걸 사왔는데도 잘 맞는다."

지게를 내려놓은 김종희가 아버지에게 떼를 썼다.

"아버지, 내년에 한 번만 더 봐보고 떨어지면 그땐 아버지가 시키는 대로 할게요."

"안 돼야."

"형은 되는데 왜 저는 안 돼요?"

"내년, 내년 하다 때를 놓치면 이것도 저것도 안 되는겨. 농사

일은 한 살이라도 어릴 때 몸에 배게 해야지, 뼈가 굵어버리면 어디 일이 몸에 붙는가. 아무 말 말고 내일부터 아버지 따라 일하러 가야."

다음 날이었다. 일을 나갔다 돌아온 김재민은 마당 한구석에 지게가 부러진 채 엎어져 있는 것을 보았다. 아들에게 사다준 새 지게였다. 김재민은 불같이 화가 나서 아들을 불렀다.

"종희야! 종희 어딨냐?"

알고 보니 김종희는 이미 전날 밤에 집을 나간 것이었다. 아버지는 아들이 지게를 때려 부순 것이 너무 괘씸했다. 감히 아버지에게 그런 식으로 반항한다는 것이 용서되지 않았다. 한편으로는 본디 순한 것 같아도 한번 하겠다고 하면 절대로 굽히지 않는 아들의 성격을 누구보다도 잘 알고 있었다.

집을 나온 김종희가 찾아간 곳은 서울에 사는 당숙 김봉서의 집이었다. 당숙 김봉서는 김재민네가 이사 후 돈을 더 벌어 서울로 이사를 한 후였다. 아버지에게 혼날 일이 걱정되긴 했지만 당숙이라면 자기 마음을 알아줄 것이라는 믿음이 있었다. 김종희가 지게를 부수고 집을 나왔다고 하자 김봉서의 입에서 불호령이 떨어졌다.

"그래서 아버지가 사준 지게를 때려 부수고 말도 없이 올라왔단 말이냐?"

"네. 당숙… 엉엉."

김종희는 마음에 뭉쳐 있던 억울함과 이 집에서도 쫓겨나면 어떻게 하나 하는 불안이 올라오면서 참았던 울음이 터졌다.

"듣기 싫다. 뭘 잘했다고 우는 게야! 누가 그렇게 가르치던. 그런 놈이 학교에 가겠다고. 공부보다 먼저 돼야 하는 게 사람이여, 사람. 인간의 도리고 그게 기본인겨. 부모에게 효도하고 나라에 충성하라는 것이 공부인데, 그거밖에 못 하겠나?"

"잘못했습니다."

"그럼 아무 말 말고 당장 저녁차로 내려가서 아버님께 잘못했다고 빌어."

김종희는 그제야 자신이 얼마나 큰 잘못을 했는지 깨닫고 당숙의 말을 잠자코 듣고는 있었지만 도저히 공부를 포기할 수 없었고, 이번에 내려가면 꼼짝없이 농사를 지어야 한다는 사실을 받아들일 수 없었다. 김종희의 표정을 본 당숙이 타협안을 내놓았다.

"공부를 더 하고 싶거들랑 이 아저씨 말을 들어!"

김종희는 귀가 번쩍 뜨였다.

"예?"

"내가 며칠 안에 내려가서 네 아버지를 설득해보마. 그 대신 내년엔 꼭 합격해야 혀."

약속대로 김봉서가 김재민을 찾아왔고, 김재민도 한 해만 더 기다려주기로 했다. 당시 도상은 조선 학생과 일본 학생 비율이 반반 정도 되었는데 거기에 합격하는 것은 하늘의 별 따기라는 말이 있을 정도로 들어가기가 어려웠다.

김종희는 목숨을 걸다시피 공부했다. 뚝심과 집중력, 의지는 김종희의 장점이자 특기였다. 그렇게 1년이 지났고 김종희는 마침내 도상에 합격했다. 김재민은 아들이 기특했지만, 큰아들에 이어 둘째 아들까지 유학시키려면 하숙비에 용돈, 책값이 만만찮게 들 것이 걱정되었다. 김재민은 생각 끝에 아들에게 집에서 통학하라고 했다. 김종희는 어쩔 수 없이 새벽 다섯 시 오십 분에 집을 나서서 도상까지 세 시간, 왕복 여섯 시간이 넘는 거리를 통학해야 했다.

그러다 안 되겠다 싶어 하숙을 했고 3학년 1학기 말과 4학년 1학기 말에 반에서 1등을 했다. 이때 김종희가 책상 앞에 써서 붙여놓은 말은 '생즉사사즉생生卽死死卽生'이었다. 그의 성실한 태도는 일본인 선생에게도 좋은 인상을 주어 예의 바르고 공부를 잘한다는 평가를 받을 정도였다.

폭력사건에 얽혀 퇴학을 당하다

김종희가 수업을 마치고 어둑어둑해진 종로구 효자동 길을 내려오고 있을 때였다. 경복고 옆 골목에서 학생 한 패거리가 일대

활극을 벌이고 있었다. 패싸움하는 그들은 도상 4학년 럭비부 일본인 학생 네 명과 조선인 학생 세 명이었다. 열세에 몰려 일본인 학생들에게 두드려 맞고 있는 조선인 학생들을 보는 순간 울분이 치밀어 오른 김종희는 앞뒤 생각 없이 조선인 학생들과 함께 일본인 학생들을 닥치는 대로 걷어차고 들이받으며 주먹을 휘둘렀다.

이윽고 순사들이 달려왔고 싸우던 이들은 모두 파출소로 연행됐다가 그날 밤 학교로 넘겨져 조사를 받고 밤늦게야 귀가할 수 있었다.

김종희는 파출소로 연행된 뒤에야 비로소 그들이 싸우게 된 이유를 알았다. 뒤에 따라오던 일본인 학생들이 저희끼리 장난을 치다가 들고 있던 럭비공을 떨어뜨렸고, 그 공이 조선인 학생들 앞으로 굴러오니까 한 학생이 무심코 럭비공을 발로 툭 건드렸다. 그러자 일본인 학생들이 사과를 강요했고, 자존심 싸움이 되면서 시비가 붙은 것이다.

다음 날 아침 일찍부터 학교에서는 징계회의가 열렸고 교장실 분위기는 침통했다. 어젯밤 패싸움을 벌인 학생 여덟 명에 대한 징계 문제가 깊게 논의되고 있었다. 파출소에서 곧 학교로 넘겨진 그에게 훈육주임이 물었다.

"김종희, 네가 먼저 때렸나?"

"제가 갔을 때는 한창 싸우고 있었습니다."

"그렇다면 너는 싸움을 말리려다가 싸우게 되었단 말인가?"

"아닙니다! 지나가다가 4 대 3으로 싸우는 것을 보고 비겁하다는 생각이 들어 함께 싸웠습니다."

"그랬다면 너는 더 나쁜 놈 아니냐? 친구들이 싸우는 것을 보면 마땅히 싸우지 않도록 말렸어야지 4 대 3이라고 해서 3에 가세했다는 것은 용서할 수 없다!"

"약자를 돕는 것은 당연합니다."

"만약 일본인 학생이 세 명이고 조선인 학생이 네 명이었다고 해도 네가 일본인 학생 세 명을 편들었을까?"

김종희는 입술만 지그시 깨물었다. 이번 일은 학생들 사이에 흔히 일어나는 대수롭잖은 싸움이었다. 그러나 문제의 심각성은 일본인 학생과 조선인 학생 간에 일어난 패싸움이라는 데 있었다. 일본인 교장은 패싸움을 벌인 학생 여덟 명 모두에게 퇴학 처분을 내렸다. 청천벽력 같은 일이었다.

그 무렵 조선인 학생들은 마음으로는 불복하면서도 일제 식민지 정책을 어쩔 수 없이 묵묵히 받아들이고 따를 수밖에 없었다. 도상의 경우에도 겉으로는 내선일체를 내세우며 일본인 학생과 조선인 학생을 반반씩 수용했으나 교사진은 거의 일본인으로서 조선인 학생들에 대한 황국신민화 교육을 노골적으로 강제하고 있었다. 그런 황국신민화 교육은 오히려 조선인 학생들의 민족적 자각을 일깨우고, 일제에 대한 반감만 자극하는 결과를 더할 뿐이었다. 김종희의 이번 행동은 오랫동안 억압받아온 조선인 학생들의 분노가 폭발한 것과도 같았다.

도상에는 오래전부터 충청남도 출신 학생들의 모임인 '충남회'가 있었다. 모임의 취지는 충남 출신 학생들의 친목 도모에 있었으나 그 모임에서 오가는 대화 주제는 주로 조선 민족의 미래 문제들이었다. 김종희가 충남회에 참석하기 시작한 것은 2학년 1학기 때부터였다.

"중국에 있다는 대한민국임시정부는 지금도 활동하고 있는가? 만주를 무대로 활약하는 마적대는 조선 독립군인가? 일제의 조선 민족 말살정책이 이대로 계속되어 조선 민족은 끝내 독립을 하지 못하고 일본에 영원히 예속되고 말 것인가?"

선배들의 열띤 토론은 김종희의 마음을 사로잡았다. 그는 모임에 참석할 때마다 민족의 자긍심을 느낄 수 있었다. 김종희가 충남회 회원이 아니었다 해도 조선인 학생들이 일본인 학생들에게 얻어맞는 것을 못 본 척 그냥 지나칠 성격이 아니었다.

퇴학을 당하게 된 김종희는 세실 신부를 찾게 된다. 도상에 진학한 후에도 김종희는 세실 신부를 그리워했다. 그에 대한 추억은 김종희에게 가장 아름답고 행복했던 기억으로 남아 있었기 때문이다.

퇴학을 당한 후 마음에 깊은 상처를 입은 김종희를 세실 신부는 따뜻하게 맞아주었다.

원산상업학교로 전학하다

김종희의 이야기에 귀를 기울이던 세실 신부는 걱정스러워하면서도 평온한 눈빛으로 그에게 말했다.

"많이 놀랐겠구나, 디도."

"예. 일이 그렇게 될 줄 몰랐어요."

"그랬겠지…. 그런데 디도. 아무리 정당하고 바른 마음에서 나왔다고 해도 방법이 옳지 않은 건 좋지 않아. 폭력을 폭력으로 대항하는 것은 그리스도인의 해결 방법하곤 다른 것이지. 하지만 하느님은 안 좋은 일마저도 협력하여 선을 이루게 하니까 이 일로 디도에게 새로운 길을 열어줄 거야. 하느님께서 이미 디도를 선택했고 사명을 주었으니 절대로 포기하지 마라, 디도."

경기도립상업학교 교정과 김종희(윗쪽)

세실 신부는 성경에 나오는 인물인 야곱과 유다 민족을 억압하는 이집트인을 죽인 모세, 요셉의 이야기를 들려주었다. 결론은 항상 김종희는 아름다운 사람이고 하느님이 사랑하는 아들이라는 것이었다.

김종희는 세실 신부에게 말할 수 없는 위로와 힘을 얻었다. 너무나 갑작스럽게 일어난 일이라 경황이 없던 김종희는 퇴학이라는 문제를 객관적으로 볼 수 있는 여유가 생겼다. 세상이 무너질 것처럼 너무 크게 생각하지 말자고 정리하고는 조급하게 해결하고자 하는 마음도 거두었다. 김종희는 도상에서 퇴학당한 뒤 원산상업학교로 전학해야 했지만, 남은 기간을 성실히 생활하며 조용히 감수했다.

평생 걸어가야 할 길을 정하다

김종희가 세실 신부를 세 번째로 만난 것은 고등학교를 졸업하고 화약공판에 입사하여 지배인으로 일할 때였다. 김종희는 잘 몰랐지만 세실 신부는 재임 25년 동안 일제의 탄압과 6·25전쟁 등으로 파란만장한 선교 역정을 거쳤다. 1941년에는 제2차 세계대전으로 영일동맹이 결렬되면서 다른 영국인 선교사들과 함께 한국에서 축출되었고, 6·25전쟁 중이던 1950년 7월 18일에는 공산군에 체포되어 순교의 위기에 처하기도 했다. 다행히 전쟁포로 송환 때 모스크바에서 풀려나와 1953년 영국으로 귀환했다가 그해 11월 14일 대한성공회에 복귀해 있었다.

김종희는 세실 신부가 머물고 있다는 정동교회로 향했다. 그동안 얼마나 많은 일이 있었는지, 죽을 고비를 어떻게 넘겼는지 생각만 해도 울컥했다.

김종희가 급한 마음에 달려가다시피 해서 정동교회 정문을 들어설 때 마침 세실 신부가 정문으로 나오고 있었다. 김종희의 반가움은 말로 다 표현할 수 없었다. 세실 신부는 주교로서 많은 사제를 거느리며 지역 사회에 교리를 전달하고 있었다. 그나마 다행인 점은 60이 넘은 나이에도 건강이 좋아 보인다는 것이었다.

"신부님! 저 디도입니다."

잠시 김종희를 바라보던 세실 신부가 놀란 듯 그의 손을 잡고는 함박웃음을 지었다. 김종희가 그렇게도 그리워하던 표정이며 모습이었다.

"오, 디도! 이게 얼마 만이냐. 정말 반갑구나! 아주 멋진 청년이 되었네. 그래, 결혼은 했고? 무슨 일을 하고 있지?"

"하하하. 주교님, 하나씩 물어보십시오."

"그래, 그러자꾸나. 디도! 정말 반갑다."

세실 신부는 김종희가 풀어놓는 얘기를 들으며 미소를 지었다가 놀랐다가 걱정스러운 표정으로 괜찮으냐며 가만히 쳐다보기도 했다. 김종희가 세실 신부에게 그동안 얼마나 고생했는지, 얼마나 힘들었는지 물어보자 그는 담담하게 말했다. "다들 고생했는데 뭘. 죽든지 살든지 다 하느님의 뜻이니 그저 감사할 뿐이야." 김종희는 세실 신부를 보며 자신도 저토록 깊은 믿음을 얻기를 소망했다.

그런데 얘기하다 보니 한겨울인데도 온기가 없어 방이 너무 썰렁했다. 김종희는 주위를 살펴보았다. 방 가운데 무쇠 난로가 있었지만, 땔감이 보이지 않았고 불을 땐 흔적도 없었다. 김종희는 어린 시절 부대리에서 보았던 세실 신부의 모습이 떠올랐고, 평생 이렇게 춥게 살고 계셨나 싶어 가슴이 아팠다.

"주교님, 제가 내일 땔감을 좀 가져오겠습니다."

"아니다. 자네 말만 들어도 충분해. 만약 내가 따뜻한 데서 다리 뻗고 편하게 지낸다면 대한성공회를 재건하는 일은 그만큼 늦어지지 않겠나? 내가 한국에 다시 돌아온 건 전쟁 통에 사방으로 흩어진 양들을 모으기 위함이야. 그들을 돕는 게 내 사명이지."

"주교님, 정말 훌륭하십니다. 저도 함께 돕겠습니다."

"고맙네. 자네는 우리 성공회의 큰 빛이 될 사람이야. '너희의 빛을 사람들 앞에 비추어 너희의 행실을 하늘에서 보고 계신 아버지께 영광을 돌리게 하여라.' 하느님의 이 말씀을 늘 생각하게나. 그리고 자네도 많은 이들에게 빛이 되는 삶을 살아가게."

김종희가 세실 신부와 작별인사를 나누고 밖으로 나오니 그사이 흰 눈이 내리기 시작하여 거리를 덮고 있었다. 누추하던 거리도 회색빛 건물도 흰색으로 덮여 깨끗해 보였다. 세실 신부가 말한 사랑이란 새하얀 눈처럼 많은 이들의 허물을 덮어주고 새 희망을 나눠주는 것일지 모른다는 생각이 들었다.

'비록 신부님처럼 큰 빛은 되지 못할지라도 베푸는 사람이 되리라.'

김종희는 어두워지는 청회색 하늘을 배경으로 흰나비처럼 쏟아져 내리는 눈을 보면서 가슴 뿌듯한 기쁨을 느꼈다. 그리고 그 자리에서 평생 자신이 걸어가야 할 길의 방향을 정했다. 나누고 베푸는 사람이 되자.

이후 김종희는 평생 이 말을 마음속에 간직하고 살았다. 그리고 이것이 이리역 폭발사고 때 김종희가 전 재산 90억 원을 선뜻 내놓을 수 있었던 정신적 기준과 실행의 바탕이 되었다.

Part 04

화약인으로 살아온
걸음, 걸음

화약인으로
살아온 걸음, 걸음

진학과 취직의 갈림길에서

김종희는 당숙 김봉서의 도움으로 원산공립상업학교 4학년에 편입해 1941년 12월에 졸업할 수 있었다. 졸업하던 해 원산에서 서울로 올라온 스무 살 청년 김종희는 먼저 김봉서 집에 들렀다. 김종희는 학교에 갈 수 있는 길을 열어준 당숙에게 항상 감사하는 마음이 있었고, 이유야 어찌됐건 도상에서 퇴학당한 뒤 원산공립상업학교로 전학한 것도 당숙에게 폐를 끼친 것만 같아 마음의 빚이 컸다.

김봉서는 김종희를 반갑게 맞아주었다.

"잘 왔다. 네가 졸업한다고 해서 기다리고 있었다. 네 일자리는 이미 결정되어 있다."

당숙에게 인사차 들렀던 김종희는 놀랄 수밖에 없었다. 고등학교를 졸업하면 일본에 가서 본격적으로 공부하고 싶었기 때문이다. 김종희는 공부하기를 좋아했고 노력한 만큼 결과가 나타나는 것에도 자신감이 있었다. 김종희는 당숙에게 조심스럽게 자신의 결심을 말씀드렸다.

"당숙, 저는 취직하기보다 공부를 좀더 해볼까 합니다."

"공부라는 게 어디 끝이 있겠냐만, 집안 형편도 생각해야 할 게 아니겠느냐?"

"사실은 일본으로 가려고 형님한테 편지를 보냈습니다."

"일본? 아니, 전쟁이 막판으로 치달아 세상이 어수선해진 이때 일본이라니? 일본에 나가 있는 사람들도 고국으로 돌아와야 할 시기에 나가려고 하다니 말도 안 되는 소리! 일본에 있는 조선 학생들은 벌써부터 학병에 자원하라는 심한 압력을 받고 있다는데."

"…"

"네 형처럼 취직을 했다가도 기회가 닿으면 공부는 얼마든지 할 수 있어. 그러니 아무 말 말고 내가 시키는 대로 해라! 내일 당장 경기도경찰부로 고이케 경부를 찾아가 만나도록 해."

"고이케를요?"

김종희의 마음은 착잡했다. 고이케 쓰루이치는 원산경찰서 판사로 김종희가 원산공립상업학교에 재학할 때 자신의 집에서 묵을 수 있도록 배려해준 사람이었다. 긴 기간은 아니었지만 고이케의 이런 배려 덕분에 학교를 무사히 다녔다고 해도 지나친 말이 아니었다. 거기다 취직까지 그가 주선했다는 말에 김종희는 숙명적인 인연에 발목을 잡힐 것 같은 예감이 머릿속을 스치고 지나갔다. 당숙이 아니더라도 한번은 인사차라도 찾아가 만나야 할 사람이었다.

"그 사람은 네가 크게 될 인물이라고 칭찬이 여간 아니더구나. 이번 네 취직도 고이케가 주선했느니라."

다음 날 김종희는 경기도경찰부 보안과장실로 고이케를 찾아갔다. 인사는 차리지만 취직자리는 완곡하게 거절할 생각이었다. 보안과장실로 안내되어 들어가자 김종희가 올 것을 이미 알고 있었던 듯 고이케가 반갑게 맞았다.

"졸업 축하한다. 졸업은 또 하나의 새로운 출발을 의미하는 것이니 이제부터 사회인으로서 분발을 부탁한다."

"노력하겠습니다."

"얘기 들었겠지만 네 취직은 이미 결정되었다. 내가 오늘 중 연락해놓을 테니 내일 아침 일찍 찾아가 그쪽 회사의 지시에 따르도록 해라."

"화약 판매 회사라고만 알고 있는데…."

"지난 12월 발족한 조선화약공판이다. 세운 지 아직 한 달도 안 되었지만 조선에서 유명한 4대 화약제조회사와 2개 화약판

매사가 통합된 회사라서 규모가 클 뿐 아니라 장래도 매우 밝은 직장이다."

"하지만 저는 화약 계통에는 전혀 문외한 아닙니까?"

"화약을 만드는 것은 기술자지만 화약 원료를 구매하고 생산을 통제하고 판매를 관리하는 것은 사무직이 하는 일이다. 너는 앞으로 그 회사 구매부서에서 업무를 보조하게 되어 있다."

"저…."

김종희는 이미 근무 부서까지 결정해놓은 고이케의 과잉친절이 너무 당혹스러웠다. 사실 그는 고이케를 만나러 오면서도 취직을 거절할 적당한 핑계를 찾기에 골몰해 있었다. 가장 확실한 핑계라고 생각했던 '화약에 문외한'이라는 말도 먹히지 않고 무작정 구매부서에서 일을 시작하라니 더 얘기할 거리가 없었다. 보안과장실을 나서는 김종희의 마음은 무거웠다. 김종희는 애써 마음을 다독였다.

'그 회사에 근무한다고 해서 일본에 갈 기회를 아주 잃어버리는 것은 아니다. 아직 시간이 촉박한 것도 아닌데 당숙이나 고이케의 호의를 거절해서 그분들을 언짢게 할 필요는 없지 않은가?'

김종희는 몰랐지만 조선화약공판은 일제가 강력한 전시경제체제를 확립하고자 시행한 기업정비령에 따라 1941년 통합·설립된 회사로 그 권한이 막강했다. 국내에 화약공판을 세우기 6개월 전, 일본에 일본화약공판주식회사가 설립되어 화약 관련업에서는 체계를 잡아가는 중이었다. 조선화약공판은 조선에 있는 여러 화약 공장에서 생산하는 제품을 공판회사가 전량 구매하는 형식으로 인수해 판매가격을 결정하고 수요처에 배급했다. 그뿐만 아니라 화약 공장마다 생산량을 할당하며 공장에서 필요한 원재료를 일괄 구입해서 공급하는 일까지 맡고 있었다.

김종희는 다음 날 일찌감치 조선화약공판으로 출근했다. 구매부 관리자가 비어 있는 자리로 김종희를 배치했다. 온종일 일을 인수하고 관리하는 방식을 배우다 보니 하루가 정신없이 흘러갔다. 첫날이라 낯설고 복잡하긴 했지만 도상에서 배운 회계와 부기로 충분히 감당할 수 있을 것 같았다.

화약계에 발을 들이다

김종희가 조선화약공판에 근무한 지도 어느새 석 달이 지났지만 그는 사실 화약에 관심이 없었다. 그의 초임은 50원이었는데 지난해 12월 도상을 졸업하고 조선식산은행원이 된 친구의 월급이 45원이니 적지 않은 액수였다. 본디 화약 계통은 위험물을 다루는 특수 직종이기에 관리직이라 해도 다른 직종 종사자들에 비해 대우가 나은 편이었다.

조선화약공판에는 관리직으로 50명 가까운 사원이 있었는데 대부분 일본인이었고 취체역取締役 사장 1명, 상무 취체역 2명, 취체역 3명 등 6명의 중역이 근무했다. 하지만 파견되어온 소속 회사가 달라 사무체계가 아직 잡혀 있지 않았고, 일하면서도 손발이 서로 맞지 않았다. 각자 이해관계가 달라 첨예하게 맞서기도 했고 중역 밑의 사원들 사이에도 알력이 있었다.

직원들 중에는 조선인도 있었는데 와세다대학을 나온 김봉수가 총무부 관리과 창고계장을 맡고 있었고, 평사원으로는 김종희를 비롯하여 민영만, 김덕성 등 5명이 있었다. 노무직은 20여 명이 모두 조선인이었다. 직원들 중 화약계에 처음 들어온 이는 김종희뿐이었다. 그는 어느 회사에도 속하지 않았기 때문에 은근히 외톨이가 되었고 그만큼 고독하기도 했다. 굳이 소속을 따지자면 조선질소화약 출신으로 여겨졌는데, 조선질소화약 미야모토 사장의 배려로 특별 채용되었기 때문이다.

미야모토가 그를 채용한 것은 물론 고이케의 부탁 때문이었다. 당시 조선질소화약은 '총포 및 화약류 취체령'에 따라 원료 구입부터 제품 판매에 이르는 모든 과정을 경찰당국에 보고하며 감시감독을 받아야 했다. 그러므로 미야모토는 관할 경기도 경찰부를 관할하는 고이케를 무시할 형편이 못 되었다. 미야모토는 고이케가 실없이 사람을 추천하지는 않았을 거라고 생각했지만, 김종희가 기대 이상으로 일하는 것을 보고 역시 사람 보는 눈이 있다고 놀라워했다.

그즈음 신문들은 거의 매일 일본군 승전보를 대서특필했다. 그중 진주만 공습은 미국 하와이주 오아후섬의 미국 해군 진주만 기지를 일본 해군이 기습한 것으로, 미군에 큰 피해를 주었는데 그 내용은 다음과 같았다.

1941년 12월 7일 아침, 일본 해군이 하와이주 오아후섬에 연해 있는 진주만을 기습공격했다. 이 공격으로 미국 태평양 함대와 공군과 해병대가 큰 타격을 입었다. 이 공격으로 미 해군 함선 12척이 피해를 보거나 침몰했고, 비행기 188대가 격추되거나 손상을 입었다. 인명피해도 커서 군인 2,335명과 민간인 68명이 사망했다.

진주만 공습에서 일본군은 희생자를 64명 내는 데 그쳐 미군에 비해 피해가 아주 적었다. 하지만 일본의 공격에서 살아남은 태평양 함대의 항공모함 3척과 유류 보관소와 병기창 등이 복구되었는데, 이것이 훗날 일본 제국의 패망을 이끌었다.

진주만 기습공격으로 기선을 제압한 일본은 여세를 몰아 전쟁 주도권을 장악하고 개전 6개월째에 접어든 1942년 5월에는 점령지를 필리핀·말레이시아·미얀마·인도네시아 등지로 확대해 나갔다. 이 과정에서 화약제조회사들에 할당된 생산량이 엄청나게 늘어나면서 6월부터는 중역들 사이의 반목이 사라졌다.

김종희는 자기 뜻과 상관없이 화약과 인연을 맺었지만 열심히 업무를 파악하고 수행하였고 채 1년도 되기 전에 사내에서 입지를 확실히 다졌으며 화약산업의 중요성도 깊이 인식하게 되었다.

화약 전문가 마쓰무로와 인연을 맺다

그즈음 김종희는 조선유지 인천화약공장장이자 부장인 마쓰무로를 만난다. 마쓰무로는 화약에 관한 전문지식은 물론 정치, 경제, 문학 등 각 분야에 해박한 지식을 갖고 있었다. 비록 일본인으로 화약제조를 하고 있지만 균형 잡힌 사고와 합리적인 판단력으로 신뢰할 만한 인격을 갖추고 있었다. 그는 김종희를 아껴 화약에 관한 지식을 알려주기도 하고 화약 사업의 중요성을 인식할 수 있도록 눈을 틔워주려고 힘을 쓰기도 했다. 김종희를 인천화약공장에 데려가 견학할 수 있도록 해준 이도 마쓰무로였다.

김종희는 마쓰무로와 함께 화약 공장을 둘러보면서 궁금한 것을 물었다. '초화공실'이라고 쓰여 있는 건물에 들어설 때였다. 입구가 굴처럼 생긴 공실을 둘러싸고 일정한 거리로 주위에 흙으로 제방을 쌓아놓고 있었다. 김종희는 화약 공장을 처음 보기도 했지만 특이하게 생긴 건물에 관심이 생겨 마쓰무로에게 물었다.

"이 건물은 왜 제방으로 둘러싸여 있나요?"

"화약 공장은 항상 폭발 위험 속에 있어. 그렇기 때문에 한 공실에서 폭발이 일어나도 연쇄적으로 번지지 않도록 일정한 거리를 두고 흙으로 제방을 쌓아 격리하는 거야."

김종희는 사무실에서 화약 재료와 관련한 구매업무를 할 때와는 다른 생생한 두려움을 느꼈다. 보기에도 허름한 세 칸짜리 건물에서 강력한 화약이 생산된다는 것도 믿기지 않았다.

"화약 생산의 기본은 위험 관리야. 1964년 노벨이 처음 니트로글리세린 제조 실험을 할 때는 호수 한가운데다 배를 띄워놓고 한 적도 있지."

마쓰무로의 설명을 듣던 김종희는 화약에 호기심이 생겼다. 마쓰무로는 설명을 하면서도 무언가 마음에 들지 않는지 미간이 살짝 찌푸려졌다.

"그러나 노벨도 지금쯤은 다이너마이트를 발명한 걸 후회하고 있을 것이네."

"왜 후회합니까? 저렇게 대단한 무기를 만들었는데요."

"그가 다이너마이트를 발명하지 않았다면 오늘날과 같은 가공할 세계대전은 일어나지 않았을 테니까."

김종희는 그의 말 속에서 전쟁을 반대하는 기색을 읽었다. 그동안 김종희가 본 일본인 직원들과는 다른 반응이었다.

"하지만 화약을 썼기 때문에 일본이 전쟁에서 연승하는 것 아닙니까?"

마쓰무로의 목소리가 높아졌다.

"누가 이기고 지는 게 문제가 아니다! 인류 문명이 몇몇 전쟁 미치광이들 때문에 파멸되고 있어. 인류 역사상 모든 전쟁은 비극으로 끝났어. 승자나 패자나 마찬가지야. 전쟁의 끝은 함께 망하는 것밖에 없어."

마쓰무로의 말을 증명하듯 날이 갈수록 일본군의 전세가 불리해지는 것 같았다. 조선화약공판에도 불안한 기운이 떠돌았다. 조선인 직원들은 쉬쉬하면서도 일본군의 패전 소식을 주고받았다.

"종희, 일본군이 구아달카날제도에서 철수했다며?"

"태평양전선에 이상이 생긴 거야."

1943년에는 이탈리아의 독재자 무솔리니가 실각하고 새로 들어선 정권이 연합군에 항복했다는 소식도 들렸다. 그해 중반부터는 일본군이 솔로몬제도에서 철수했다는 발표가 나왔다. 조선인 직원들 중에는 노골적으로 일본의 패망을 얘기하는 이도 있었다.

"전쟁의 끝이 보이는 것 같지 않아?"

"그렇지? 하지만 더 두고 봐야 할 것 같아."

김종희도 그 흐름을 모르는 바는 아니었으나 섣부르게 판단할 것은 아니라는 생각이 들었다.

화약에 대해 본격적으로 공부하다

그해 여름 김종희는 마쓰무로의 추천으로 홍제동에 있는 화약고 기숙사로 자리를 옮겼다. 일본인 중에는 조선인과 함께 기숙생활을 하는 것에 규정을 들이대며 반대하는 사람도 있었다. 홍제동에 있는 화약고에는 각종 폭발물이 많아 조선인 직원의 입주 금지가 불문율로 되어 있었다. 하지만 김종희에 대한 마쓰무로의 신뢰가 워낙 컸기 때문에 그런 규정은 없다며 강력하게 밀고 나갔다. 기숙사로 옮긴 다음에는 마쓰무로가 따로 과외선생이 돼줄 만큼 화약 공부를 할 수 있었다. 마쓰무로는 화약에 대한 전문 지식을 잘 알고 있었다.

"화약이야말로 인류 문명의 발달에 큰 영향을 미친 발명품 중 하나야. 세계 4대 발명품에도 들어가지."

"4대 발명품이라면 종이와 활자…."

"그리고 항해술을 발전시킨 나침반과 정치, 경제, 군사 발전에 일대 전환을 가져온 화약까지 더하면 되지."

김종희는 화약이 4대 발명품에 든다는 것에 큰 흥미가 생겼고 스스로 화약에 대해 공부하기 시작했다. 김종희를 지켜보던 마쓰무로는 『화약입문』이라는 책을 한 권 주었다.

『화약입문』에는 폭발에 대한 기본 개념부터 화약의 원리가 잘 설명되어 있었다. 김종희는 화약의 원리가 생활에 깊숙이 들어와 있고 사람들이 생활하는 데 유용한 역할을 한다는 것에 큰 흥미를 느꼈다. 김종희는 이 내용을 하나씩 정리했다.

화약이란 물질의 산화 반응 특성을 연구·발전시킨 인조 폭발물이다. 자연계의 물질이 공기 속의 산소와 화합하는 것을 산화현상이라 하며 폭발물은 위험성이 크지만 취급하기가 쉽고 여러 가지 용도로 사용할 수 있는 경우가 있다. 쇠붙이에 녹이 슬고 음식물이 쉬는 것도 공기 중의 산소와 만나 산화되는 과정이다. 그중 화약은 '열, 화염, 충격, 마찰 등에 의해 급격한 화학 변화를 일으키면서 많은 가스와 열을 발생할 뿐 아니라 이와 같은 폭발 효과를 이용할 수 있는 물질계'를 이르는 말이다. 일반적으로 폭발이라는 말은 뭉쳐있던 에너지가 압력을 받아 급격하게 터지는 것을 가리키지만, 화약류는 폭발로 간주되는 경우라도 성냥불 같은 경우는 연소라고 한다. 모든 연소반응은 공기 중의 산소를 이용하므로 속도가 느려 폭발까지 이를 수 없고, 산소가 없는 밀폐된 공간에서는 연소조차 일어나지 않는다.

하지만 폭발이 가능한 물질들은 자체 내에 산소를 다량 포함하고 있기 때문에 순간적인 연소, 즉 폭발이 가능하다. 염소산칼륨이나 질산칼륨은 그 자체에 산소를 많이 가지고 있어 외부의 공기 없이도 연소가 가능하고 다른 물질에도 산소를 공급해줄 수 있는 대표적인 것들이다. 따라서 이 물질에 가연물을 혼합하면 그 혼합물은 염소산칼륨이나 질산칼륨이 가지고 있는 산소를 이용하여 손쉽게 폭발할 수 있다.

이처럼 산소공급제와 가연제를 동시에 포함하면서 마찰·타격·열·불꽃과 같은 외부의 자극(충격)에 의해 연소, 폭발 등 급격한 화학반응을 일으켜 고온의 열과 함께 다량의 가스를 발생시키는 물질을 '화약'이라고 한다.

김종희는 화약에 빠져들면 들수록 이를 잘 사용한다면 산업 발전에 엄청나게 이바지할 수 있다는 사실을 깨달았다.

'화약을 사용해서 거대한 암석과 같은 고체 물질을 파괴할 수 있는 것은 화약이 폭발할 때 발생하는 기체가 순간적으로 열에 의해 가열, 팽창되면서 충격 파동을 일으키기 때문이다. 그렇다면 광산을 개발하거나 길을 놓을 때도 엄청난 힘을 발휘하겠는데…'

화약에 대한 흥미에 열정이 더해지면서 김종희는 마쓰무로와 토론할 수 있을 정도로 실력이 향상되었다. 보통 산업용 화약들은 폭발 속도가 초당 3,000m에서 8,000m에 이를 정도로 폭발력이 강력하다는 것도 알게 되었다.

아쉬운 점은 동양의 경우 중국 서진의 정사원(鄭思遠, 264~322)이 저술한 연단서인 『진원묘도요약眞元妙道要略』에 복화초석법伏火硝石法에 대해 소개할 만큼 정보가 있었고 우리나라는 고려

말 최무선崔茂宣이 화약을 개발한 역사가 있다는 것이었다. 최무선이 화약을 국산화하고 나서 550년 이상 지속되던 우리나라 화약산업이 일제강점기 일본인들이 제조와 판매를 독차지하면서 완전히 단절된 것은 매우 안타까운 일이었다.

제2의 최무선을 꿈꾸다

우리가 역사시간에 배워서 대략은 알고 있듯이, 최무선이 중국에서 화약을 들여온 과정은 극적이고도 눈물겨웠다. 최무선이 태어난 해는 확실하지 않지만 1326년(고려 충숙왕 12년)쯤으로 볼 수 있다. 고려시대 말이 되자 왜구라 불리는 일본 해적의 잦은 침입과 노략질로 피해가 심각했다. 남해안의 많은 고을이 쑥대밭이 되었고 그 영향은 서해안까지 미쳤다.

왜구를 물리칠 묘책을 짜내기에 골몰하던 최무선은 화약을 써보자는 생각을 하게 되었고, 염초와 황과 숯을 섞어 폭발시키는 화약을 개발하려고 했다. 최무선은 화약제법을 밤낮으로 연구했으나 마루 밑처럼 먼지가 앉은 흙더미에서 염초를 구워내는 기술을 도저히 알 수 없었다. 방법은 중국에서 화약 만드는 법을 배워오는 것뿐인데 그들은 제조법을 비밀에 부쳐 외국에 가르쳐주지 않았다.

최무선은 중국 상선이 드나드는 개성의 출입구이자 무역 관문인 예성강에 자주 나갔다. 중국어에 능통한 최무선은 중국 배가 닿기만 하면 쫓아가 염초기술자가 배에 있는지 물어보았다. 몇 해가 지나 최무선의 나이가 쉰이 되던 해 어느 날, 드디어 그의 노력이 보상받는 날이 왔다. 강남에서 도착한 배에 이원李元이 타고 있었는데 그가 바로 염료를 만드는 기술자였던 것이다.

최무선이 집으로 데려가 숙식을 제공하며 후하게 대접하자 감동한 이원이 마침내 염초 굽는 비법을 가르쳐주었다. 최무선은 심부름하는 아이에게 이 방법으로 실험하게 하여 염초를 만드는 데 성공했다. 이 일을 계기로 1377년 10월에는 화통도감을 설치하고 1380년 8월에는 진포해전에서 화약과 화약병기를 이용하여 왜구를 섬멸하기에 이르렀다.

최무선의 노력은 아들 최해산崔海山으로 이어졌다. 고려 이후 세워진 조선의 태종은 최해산을 군기사 관원으로 발탁했고, 그는 화약과 화차를 만들었다. 이렇게 해서 최무선이 염초제법을 배운 이래 60년 동안 부자만이 알고 있던 화약, 병기의 제조기법이 널리 퍼져갈 수 있었다.

임진왜란 때 육지에서는 조총을 앞세운 왜군이 조선군을 압도했지만, 해전에서는 조선이 일본보다 화포 기술에서 앞서 있었던 것도 최무선의 화약 제조 덕분이었다. 이후 일본의 침탈로 우리나라의 화약 기술은 다시 암흑기를 맞게 된다.

김종희는 화약 기술을 배우면 배울수록 자신이 제2의 최무선이 된 것 같다는 생각을 했다. 마음속에는 조선인으로서 의식이 있는데 일본인에게서 화약제조 방법을 배운다는 것이 묘한 기분이 들기도 했다. 하지만 최무선처럼 몇 년이나 쫓아다니지 않고도 화약 기술을 배울 수 있다는 것은 행운임이 분명했다. 김종희는 자신이 화약을 제대로 알아야 한다고 생각했다.

조선화약공판에서 능력을 인정받다

1944년 1월 김종희는 조선화약공판 생산부 다이너마이트계 계장으로 승진했다. 누구보다 성실하게 일하며 노력했고 화약에 대한 남다른 열정을 인정받은 결과이기도 했다. 여전히 마쓰무로와 친밀하게 지냈지만 그의 얼굴에는 어두운 그늘이 스치곤 했다.

"무슨 근심이라도 있으십니까?"

"요즘 같아서는 걱정이 많네. 일본만 해도 그래. 마치 전쟁 미치광이들 같지 않나?"

"부장님은 다른 일본인들과는 생각이 좀 다르신 것 같습니다."

"나라를 떠나 나는 화약 전문가로서 미래를 걱정하는 거야."

심각한 표정으로 이런저런 이야기를 하는 마쓰무로의 말에 김종희는 아무 말 없이 귀를 기울였다. 당시 일본이 돌아가는 사정으로 보아서는 마쓰무로의 걱정이 기우만은 아니었다.

1944년 10월, 일본은 필리핀의 미군(연합군)을 향해 가미카제 특공대까지 동원하며 대공세를 펼쳤지만 이미 대세는 기울고 있었다. 미국 해군의 함재기 세력이 일본 육해군 항공력을 능가하는데다가 계속된 격전으로 우수한 조종사들이 줄어들었고 생산력에서도 일본이 훨씬 밀리고 있었다.

김종희는 마쓰무로도 전쟁에서 질 것을 예감하는 것이 아닐까 생각했다.

"부디 화약에 대한 관심을 놓지 말게. 인류를 절망에 빠뜨린 것이 화약일 수 있으나, 인류의 역사를 발전시키는 것 또한 화약이야. 앞으로 조선이 일어나려면 누군가는 반드시 화약산업을 지켜야 해."

마쓰무로는 김종희에게 더욱 많은 자료와 함께 현장 경험을 할 수 있도록 기회를 주었다. 김종희는 이론도 중요하지만 생산현장을 파악하는 게 도움이 많이 될 거라고 생각해 공장에서 화약이 어떻게 만들어지는지 살펴봐야겠다는 판단이 들었다. 그리고 일본이 물러간 뒤 조선에서 화약산업이 이어지도록 하려면 어떻게든 화약을 살려야 한다는 생각도 들었다. 최무선이 어렵게 화약을 만들었으나 맥이 끊어졌던 전철을 다시 밟지 않아야 했다. 비록 화약산업이 대단한 이익이나 남들이 부러워하는 명

예를 얻는 일은 아니지만 화약이 없으면 나라가 위태로울 때도 대적할 수 없고 산업도 발전시키지 못할 거라는 생각에 평생 화약과 함께하겠다고 다시 한번 다짐했다.

그래서 김종희는 화약 공장에 가는 일이 잦아졌고 생산 과정을 일일이 지켜보며 책에서 배운 내용을 접목했다. 훗날 이 경험과 밤새워 읽은 이론이 '화약쟁이' 김종희를 만드는 자양분이 되었다.

꿈이 그를 바꿔놓았다. 그는 이제 화약공판의 일개 계장이 아니었다. 현재는 일본 기술에 의존하고 있지만 아무리 어려워도 기꺼이 해내겠다는 용기가 샘솟았다. 화약에 대한 호기심으로 시작했던 공부가 화약 전문가가 되겠다는 희망으로 커졌고, 이제는 국가와 국민에게 공헌하는 삶을 살겠다는 희망으로 발전한 것이다.

몇 년 전 도상에서 퇴학당하고 세실 신부를 찾아갔을 때 신부님이 해준 말이 떠올랐다.

"디도. 실망하지 마라. 분명히 하느님께서 너를 지키시고 크게 들어 쓰실 것이다. 작은 데 연연하지 말고 큰 꿈을 꾸어. 나라를 살리는 일처럼 큰일에."

그때 김종희의 가슴을 쳤지만 한편으로는 의심스러웠던 마음에 확신이 들었다.

'그래, 나는 조선인이다. 이 나라를 발전시키는 데 화약이 도움

이 된다면, 나는 기꺼이 조국의 화약계를 지키는 등대수가 되고 말겠다!'

김종희는 화약공판에서 일하면서 얻은 꿈을 향해 힘차게 달려갔다.

8·15해방과 독자적인 화약 생산 시도

러시아가 참전하고 히로시마와 나가사키에 원자폭탄이 떨어지자 일본은 결국 항복을 선언했다. 그리고 해방과 함께 일본인들이 철수하자 그들이 독점하던 화약산업, 특히 제조 분야는 완전한 불모지나 다름없는 상태가 되었다. 더구나 남북 분단과 미군정 실시, 연이은 6·25전쟁 등의 혼란 속에서 화약산업은 점점 더 황폐해지고 있었다.

1945년 9월 중순부터는 고국을 떠나 살던 동포들이 속속 귀국하기 시작했으며, 조선에 살고 있는 일본인들도 본국으로 귀환을 서둘렀다. 화약공판에서도 일본인 사원들이 분주한 움직임을 보이는 가운데 하루는 사장실에서 김종희를 불렀다. 사장실에는 사장 미야모토를 비롯해 수석상무 기무라, 영업담당상무 스즈키, 총무담당 우에노, 구매담당 마쓰무로, 생산담당 취체역 요시다 등 중역 6명 전원이 탁자를 둘러싸고 정연하게 앉아 있었다. 김종희는 사장실의 엄숙한 분위기에 긴장감을 느꼈다. 상석이 비어 있는 것이 누군가 한 사람이 더 올 것인가 하는 생각이 들었다.

"김 계장! 이리 앉아요!"

미야모토가 비워놓은 상석을 권했다.

"아닙니다. 저쪽으로 앉겠습니다."

김종희는 윗자리를 마다하고 맨 끝자리로 가서 앉으려 했다.

"오늘은 여기가 김 계장 자리요. 어서 이리 와 앉아요."

"괜찮습니다."

"지금 우리는 김 계장에게 조선화약공판 업무를 인계하려는 거요."

"업무를 인계한다고요?"

얼떨떨해진 김종희는 마지못해 미야모토가 권하는 자리에 앉으면서 중역들의 얼굴을 둘러보았다. 그들의 얼굴은 다소 상기되어 있었다. 미야모토가 탁자 위에 놓인 두툼한 서류 묶음을 앞으로 끌어당기며 다시 말을 이었다.

"김 계장도 아는 바와 같이 우리는 모두 본국으로 돌아가야 할 사람들이오. 그래서 이 화약공판 업무의 처리 문제를 놓고 논의한 끝에 회사의 업무 일체를 김 계장에게 넘기기로 의견일치를 보았어요."

"여러분이 물러나면 회사 업무는 어차피 우리 자치위원회가

맡게 되는 것 아니겠습니까?"

"자치위원회 말이 없었던 것은 아니오. 그러나 우리 중역회의는 여러분이 임의로 결성한 자치위원회를 인정하지 않기로 결정했어요."

"그렇다면 저한테 업무를 인계하겠다는 것은 무슨 얘깁니까?"

"자치위원회 위원장이 아닌 화약공판 사원 자격으로 업무를 인수해줘야겠어요."

"사원 자격이거나 위원장 자격이거나 무슨 상관있습니까? 이러나저러나 김종희는 같은 사람입니다."

"그렇지 않아요. 자치위원회는 아무 법적 근거가 없는 임의단체에 지나지 않아요. 따라서 자치위원회는 언제든 해체될 수 있고, 그렇게 되면 위원장 자격도 자동 소멸되고 마는 거요. 그래서 중역회의에서 오늘 날짜로 김 계장을 우리 화약공판 지배인으로 선임하는 한편, 회사 업무 일체를 지배인에게 인계하기로 의결한 거요."

그동안은 화약공판에 지배인 제도라는 것이 없었다. 다만 사규상 주식회사 중역회의에서 회사 업무집행과 관련해 지배인을 선임하거나 해임하는 일은 보장되어 있었다.

"조선이 현재 미군정 아래 있다고는 하지만 현행법이 존속하는 한 우리 조선화약공판 중역회의 결의는 어디까지나 정당하고 합법적인 것이오. 그러니 중역회의 결정을 존중하고 따라주었으면 좋겠소."

'어차피 누군가 인수해야 할 화약공판 업무가 아닌가? 그렇다면 굳이 합리적으로 업무를 인계하겠다는 이들의 제의를 거부할 이유가 없다.'

김종희는 주요 인계서류 목록과 중역회의 의사록을 검토한 뒤 미야모토가 제시하는 각서에 날인했다. 조선인 사원들은 김종희에게 화약공판 업무를 인계하기로 한 중역회의 결정을 당연한 일로 받아들였다. 그러나 화약공판자치위원회의 영향이 미치는 지역은 이미 38선 이남으로 제한되어 있었다. 이북에서는 미군보다 먼저 평양에 진주한 소련군이 군정을 실시했기 때문이다. 그는 먼저 위험물인 화약이 혼란기에 외부로 유출되어 사고가 발생하는 일이 없도록 화약공판 산하 각 화약고 관리책임자들에게 엄중히 전달했다.

업무인계 후인 1945년 9월 23일자로 일본인 중역과 사원이 모두 물러났고, 9월 24일부터는 김종희 지배인 중심의 새로운 조선화약공판주식회사 체제로 바뀌었다.

광복 후 조선화약공판은 미 군정청에 귀속되어 있었다. 김종희는 이곳 지배인으로 38선 이남에 흩어져 있는 화약고 31개소를 비롯하여 국내 유일의 화약 취급기관을 실질적으로 운영하게 되었다.

김종희는 급작스럽게 지배인으로 임명받은 뒤 일본인이 떠난

공백을 느끼지 않도록 부단히 노력하는 것과 동시에 남아 있는 한국 직원들부터 다독였다. 20대 청년이니 나이로 보면 어리다 싶었지만 김종희는 누구보다 책임감이 강했고 조직력과 경영능력 또한 뛰어났다.

"이제 전국에 있는 31개 화약고를 책임질 분들을 새롭게 임명하겠습니다. 어수선할 때일수록 자기 자리에서 역할을 잘해주시기 바랍니다."

해방 이후 나라는 앞을 가늠할 수 없을 만큼 어지러웠다. 남북이 다른 이념으로 갈리면서 미국과 소련이 대신 나라를 다스리는 신탁통치가 시작되었다.

그런 중에도 김종희는 자신이 맡은 일을 충실히 했고 틈만 나면 화약 관련 책을 읽었다. 수시로 화약고를 둘러보며 안전한지 확인하는 것도 일과였다.

"화약고 상태는 괜찮은가요?"

"별 이상은 없습니다. 하지만 기술자들이 다 빠져서 앞으로 어떡해야 할지 걱정입니다. 조선 사람들은 제대로 화약을 다룰 줄도 모르는데…"

"이건 모두 완제품이지 않습니까? 화약이 원래 위험하긴 합니다만, 규정대로 잘 보관하면 문제없습니다."

화약 생산도 문제지만 당장 직원들 월급을 줄 수 없는 사정이 된 것도 걱정스러웠다. 이처럼 여러 가지 문제가 쌓여 있었고 김종희는 비로소 한 회사를 경영하는 일의 어려움을 실감했다.

조선화약공판 운영을 어떻게 할지 고심하던 중 인천화약공장 공장장으로 있던 가리지마와 마쓰무로의 대화가 떠올랐다. 공장장 가리지마는 미군에게서 일본인 기술자가 필요하니 인천화약공장에 남아달라는 요청을 받은 적이 있다고 했다. 가리지마가 그 제안을 거절했다는 얘기였다. 김종희는 가리지마에게 제안했던 미군을 통한다면 좋은 수가 생길지 모른다는 생각이 들었다. 가리지마가 아니더라도 한국인 중 기술자를 찾으면 화약을 생산할 수 있을 거라는 희망이 있었던 것이다. 김종희는 화약 공장에 화약이 얼마나 남아 있는지부터 파악했다.

미 군정 스미스 대위를 만나다

'미군들이 군용도로를 개설하고 진지를 구축하자면 다이너마이트는 없어서는 안 될 필수품이다.'

공장에는 흑색화약 0.4톤, 도화선 49km, 다이너마이트 3.7톤이 남아 있었는데 그 정도는 적은 물량이 아니었다. 김종희는 화약공판에 보관 중인 화약을 미군에 팔 수 있으리라고 생각했다. 흑색화약은 나중에 광산용으로 팔기로 하고, 먼저 미군에 다이너마이트만이라도 화약공판 고시가격대로 팔면 엄청난 돈이 된다. 그런데 판로가 막막했다.

'미군사령부로 찾아가서 직접 얘기해볼까? 하지만 영어를 할 줄 알아야지! 영어야 통역관이 있을 테니까 어떻게 되겠지만 얘기를 꺼냈다가 돈은 안 주고 화약을 거저 징발해가겠다고 하면 어떻게 한다? 하기야 보관해도 어차피 개인 소유가 될 것도 아닌데 차라리 넘겨주고 나면 책임은 면하게 되지 않을까?'

이런저런 고민 끝에 김종희는 한번 부딪쳐 보기로 마음먹고 용산 미군사령부를 찾아갔다. 그는 정문을 지키고 서 있는 헌병 앞으로 성큼성큼 다가가 말했다.

"헤이! 유 노 다이너마이트?"

김종희는 학생 시절 배운 아는 영어 단어를 모조리 동원했다.

"아이 해브 다이너마이트."

헌병이 못 알아듣는 것 같았다. 정문 앞을 지키던 미군 병사가 무슨 소리냐는 듯 눈을 부라리며 저리 가라고 소리쳤다. 하지만 김종희는 손짓 발짓을 해가며 있는 힘을 다해 다이너마이트 터지는 시늉을 하고 크게 손짓을 해보였다.

"유 돈트 노 다이너마이트? 펑! 펑!"

"오 아이 시, 다이너마이트."

"예스! 다이너마이트, 아이 해브 다이너마이트 매니 매니…"

"유 민, 유 해브 다이너마이트!"

"예스, 예스!"

그러자 별안간 헌병이 겁먹은 얼굴로 권총을 뽑아들고 물러서며 위병소의 흑인 헌병을 불러내더니 뭐라고 지껄였다. 흑인 헌병도 권총을 뽑아들고 다가와서 김종희의 몸을 뒤지려고 했다.

"해브 노, 해브 노…."

김종희는 몸에 다이너마이트를 지니지 않았다는 뜻으로 '해브 노'를 연발하며 손을 내저었다. 그래도 막무가내로 김종희의 몸을 샅샅이 뒤지고 난 흑인 헌병이 김종희를 앞세우고 간 곳은 사령부 헌병대 사무실이었다. 흑인 헌병의 보고를 받은 장교가 김종희에게 다가와서 뭐라고 물었다. 그러나 의사소통이 될 리 없었.

30분쯤 뒤 통역관이 나타났다. 그는 조지 야마다라는 일본인 2세였다. 김종희는 침착하게 그에게 화약공판을 설명하고, 미군 사령부를 찾아온 이유를 말했다. 한 시간 뒤 김종희가 안내된 곳은 사령부 군수참모실이었다. 군수참모실 장교는 김종희를 처음 만났음에도 무척 호의적이었다. 김종희의 설명을 듣던 그는 당장 화약 재고량을 확인하고 싶다고 했다.

김종희는 필요하면 언제든지 화약고를 안내할 용의가 있다고 대답했다. 하지만 미군 측에서 그렇게까지 서두를 줄은 몰랐다. 다음 날 화약공판 사무실 앞에 느닷없이 미군 지프 한 대가 달려와서 멈췄다.

"할로! 할로!"

김종희가 지프에서 내리는 미군들을 악수로 척척 맞아들이는 모습을 보고, 무슨 영문인지 모르는 화약공판 직원들은 그저 어리둥절한 표정으로 멍하니 서 있었다. 지프에서 내린 미군은 어제 군수참모실에서 만난 장교와 또 한 명의 장교였다. 지배인실로 들어와서 소개받은 또 한 명의 장교는 '스미스'라는 공병대 대위였다. 김종희는 화약공판의 업무 내용을 간단히 설명하고, 그들을 바로 홍제동 화약고와 녹번동 화약고로 안내했다. 스미스는 공병장교답게 다이너마이트와 도화선 보관 상태를 일일이 점검하면서 "베리 굿! 베리 굿!"을 연발하며 고개를 끄덕였다.

"지방 화약고는 언제 돌아볼 계획인가?"

김종희가 일본어로 물어보면 야마다가 다시 군수참모실 장교에게 영어로 물어보고, 그가 대답하면 야마다가 다시 김종희에게 대답해주는 식으로 대화가 진행되었다.

"지금까지 돌아본 두 화약고의 화약 보관 상태가 양호하고, 또한 재고량도 당신이 말한 수량과 일치하기 때문에 지방 화약고는 가보지 않아도 믿을 수 있겠다고 한다."

"알아봐주시니 감사하다. 화약인은 화약처럼 정직하고 정확해야 한다. 화약이 만약 터져야 할 자리에서 터지지 않거나 터져서는 안 될 자리에서 터지면 어떻게 되겠는가? 화약이 꼭 터져야 할 자리에서 터지게 하려면 화약인은 언제나 정직하고 정확해야 한다."

야마다가 통역하자 두 미군 장교가 고개를 끄덕이며 공감했다.

"저들에게 다이너마이트를 언제쯤 사갈 수 있겠는지 물어봐주기 바란다."

"기다리고 있으면 연락해주겠다고 한다."

"우리는 현재 사원들의 급료를 못 주고 있다."

"곧 좋은 소식이 있을 테니 계속 전국의 화약고를 철저히 관리해달라고 한다."

곧 좋은 소식이 있으리라는 기대 속에 1945년 10월이 저물고 11월이 밝았다. 11월 2일 군정청은 군정 실시 이전부터 시행해온 모든 법령은 새로운 군정법령에 따라 폐지되지 않는 한 그 효력이 존속한다는 내용의 미군정 법령 제21호 '법률 제명령의 존속'을 제정·공포했다. 사회 혼란을 막으려면 악법이라 할지라도 일단 법질서를 확립한 뒤 선별적으로 서서히 법령을 개폐해나갈 수밖에 없었다. 미군정 당국이 구법령의 존속을 선포하자 조선화약공판(주)가 상법상 회사법인으로 보호받게 됨은 말할 것도 없고, 김종희도 법률상 정당한 지배인 자격으로 회사 업무를 집행할 수 있게 되었다.

사과 상자에 든 급료 1만 원
—

미군이 화약고를 돌아보고 간 지 일주일째 되는 1945년 11월

5일, 스미스 대위가 큼직한 상자 하나를 안고 화약공판 지배인실로 찾아왔다.

"사원들 월급이다!"

스미스가 C-레이션 상자를 김종희 앞으로 내밀면서 말했다.

"화약공판이 보유하고 있는 화약 처리 문제는 나중에 결정하기로 하고, 먼저 사원들의 급료를 미군 측에서 지급한다는 결정이 났다."

"우리 회사 사원들 월급이 얼마인지 아는가?"

"모른다. 우선 일차로 1만 원을 가져왔다."

아무리 인플레이션이 심하다 해도 1만 원이면 거금이었다. 광복 직후 한 말에 5원 하던 쌀값이 한두 달 사이 배로 껑충 뛰어오른 때이기는 하지만 사원들의 평균 월급이 40원이고 보면 1만 원은 큰돈이었다.

사원들 사이에서 김종희 지배인에 대한 신뢰가 높아진 것은 당연했다. 김종희는 각 지방영업소장들의 밀린 월급을 모두 지급하고, 11월에는 전 사원에게 월급 말고도 월급의 50퍼센트에 해당하는 물가수당을 따로 주기까지 했다. 일본인이 떠나고 난 뒤 뒤숭숭하고 자리가 잡혀 있지 않던 분위기가 안정을 찾기 시작했다.

12월 6일 군정청은 법령 제33호를 공포해 지난 9월 25일부로 동결한 일본인 재산을 일제히 접수했다. 그와 함께 군정청은 자동으로 관재국에 귀속되는 일본인 재산 중에서 모든 산업시설은 별도 귀속재산 처리 방침이 확정될 때까지 공업국 감독 아래 자체 업무 활동을 계속하도록 허용했다.

그러나 화약공판은 폭발물 취급 기관이라는 이유로 미군사령부 감독을 받게 되었다. 화약공판은 이미 지난 11월 중순 홍제동 화약고 다이너마이트를 미군에 출고한 데 이어 12월에는 녹번동 화약고의 다이너마이트 일부를 출고하고, 지방영업소에서도 그 지역 광산에서 필요한 최소한의 화약류를 미군 승인 아래 제한적으로 출고하고 있었다.

김종희는 앞으로 닥쳐올 일을 생각하니 초조하고 불안했다. 지금은 화약고에 있는 화약을 곶감 빼먹듯이 출고하니까 그런대로 화약공판으로서 체면을 유지한다지만, 화약이 모두 떨어지고 나면 화약공판은 그야말로 빈껍데기만 남을 판이었다.

김종희는 화약공판의 앞날도 앞날이지만 이 나라 화약계를 위해서도 하루속히 화약 생산을 재개해야겠다고 생각했다. 그는 먼저 조선유지 인천화약공장의 사정을 알아보기 위해 생산담당 민영만을 데리고 인천으로 내려갔다. 인천화약공장에는 일본인 기술자들 밑에서 일해온 수습공이 여러 명 있었다. 김종희는 우리나라 사람들은 눈썰미가 좋아서 원료만 해결된다면 오히려 생각보다 화약을 쉽게 만들어낼 수 있으리라 생각했다.

인천화약공장 폭발과 소신 지키기

그런 김종희의 기대는 인천화약공장으로 들어선 순간 완전히 무너지고 말았다. 며칠 전 폭발했다는 뇌화공실雷化工室 잔해가 풍비박산되어 사방에 널려 있었다. 그 사고로 공장 자치위원회 간부 전원이 폭사했다. 김종희 입에서 한숨 섞인 탄식이 새어나왔다. 그 자치위원회 간부들은 바로 초화공실이나 날화공실 같은 주요 생산 분야에서 수습공으로 일해 기술 숙련도가 높은 참으로 아까운 이들이었다.

김종희는 폭격을 당하기 전 화약을 생산했을 각 공실을 둘러보았다. 소문에 따르면 복구계획이 있었지만 진행이 안 된다는 것이었다.

'이러니 공장 복구를 맡기로 한 곳에서도 손을 못 댔지. 그렇다고 이대로 물러나면 안 되지. 우리나라에 하나밖에 없는 화약공장인데 여기서 멈추면 우리나라 화약계는 끝장나는데… 이 공장은 무슨 일이 있어도 복구해야 한다.'

인천에서 돌아오는 내내 김종희 마음은 납덩어리처럼 무거웠다. 조선 사람들의 힘으로는 화약 생산이 어려울 것이라고 의기양양해하던 일본인들의 말이 그냥 얕잡아보고 한 말만은 아니었구나 하는 생각이 들기도 했다.

하지만 그는 한 가지 믿음이 있었다. 화약이란 본디 아무나 다룰 수 있는 것도 아니고, 또 아무데나 보관할 수 있는 것도 아니다. 화약을 다루려면 취급면허를 갖추어야 하며, 화약을 보관하려면 화약류단속법 시행령과 시행규칙에서 정하는 까다로운 조건들을 충족할 수 있는 화약고를 완비해야 한다. 화약공판 화약 재고가 떨어지고 나면 미군이 본국에서라도 필요한 화약을 가져와야 할 것이다. 그때도 미군은 화약공판의 인력과 시설을 이용할 수밖에 없을 것이다. 화약공판이야말로 남한에 흩어져 있는 31개 화약고를 망라한 국내 유일 화약 취급기관이다.

김종희는 미국에서 화약을 판매하면서 인상한 공급가보다 훨씬 더 싼값으로 우리나라 산업현장에 화약을 공급했다. 그 무렵 엿가래 한 개가 50전, 엿가래보다 굵은 화약 하나가 30전이었다.

김종희는 화약의 수요를 파악한 뒤 스미스를 찾아갔다.

"스미스, 현재 우리 화약고에 화약이 2톤도 안 되게 남아 있습니다. 3월부터는 군에서 쓰는 화약 물량도 많아졌고 앞으로 더욱 늘어날 테니 화약 도입을 신속하게 추진해주시기 바랍니다."

"미스터 김! 현재 군수용 화약은 들어올 예정이지만 민간에서 사용할 화약을 들여올 계획은 없습니다."

"그렇지만 저희 화약공판은 미군의 화약고 관리만 하고 있을 수 없습니다. 민간에 화약이 필요할 때 공급해야 하는 것도 책임이자 의무이기 때문입니다."

"미스터 김의 바른 정신과 사명감에 경의를 표합니다. 좋습니다! 민간에서 화약이 필요하면 군수용 중에서 일부를 나눠주겠습니다."

김종희는 미군의 모호한 대책을 믿을 수 없었다. 그는 한 번 더 단판을 지었다.

"안 됩니다. 처음부터 민간용 화약을 따로 구분해야 합니다. 현재 우리나라가 수출할 수 있는 제품은 농산물이나 수산물, 광산물뿐입니다. 하지만 앞으로 무역이 활발해지면 광업 경기가 살아날 것입니다. 그럼 지금보다 화약이 더 필요해질 게 아닙니까?"

김종희는 이후에도 화약을 확보하기 위해 누구보다 열심히 뛰어다녔다. 하지만 물량을 확보하기가 생각보다 쉽지 않았다. 머지않아 화약을 찾는 사람들이 많아지면 값이 뛸 거라는 소문이 돌면서 시중의 화약 가격이 폭등했기 때문이다. 그럼에도 김종희는 값을 올리지 않았다.

사람들은 김종희가 빤히 보이는 이익이 있는데도 왜 가격을 올리지 않는지 답답해하기도 했다. 그 사람들에게 김종희는 담담히 답할 뿐이었다.

"지금 미군을 통해 들여오는 화약은 구제기금에 의해 무상으로 지급받는 것 아닙니까? 우리가 그것으로 지금보다 더 많은 이익을 내는 것은 옳지 않습니다."

어떤 사람은 원칙을 중요시하는 김종희의 정직함을 칭찬했지만, 어떤 이들은 사업가가 너무 융통성이 없다며 비난하기도 했다. 하지만 김종희는 사람들의 평가는 아무래도 상관없었다. 김종희는 세실 신부가 빙긋이 웃으며 고개를 끄덕이는 것 같은 느낌이 들었다. 그의 봉사정신과 청렴함을 따라가기에는 한참 부족하지만 원칙을 지키다보면 언젠가는 세실 신부와 비슷해질 거라고 생각했다.

고이케에게 의리를 지키다

김종희는 하루하루 분주하게 보내면서도 마음 한편에 걸리는 일이 하나 있었다. 고이케 부부를 하루속히 일본으로 돌아가게 해주고 싶었다. 그들은 지난해 먼저 귀국한 아이들이 걱정되어 하루라도 빨리 돌아가길 원했다. 김종희는 부산 영업소장에게 두 사람이 탈 수 있는 밀항선을 알아봐달라고 부탁했다. 그들을 돌보는 것은 인간적으로 해야 할 일이라고 생각했다.

김종희는 사회생활을 오래한 것은 아니지만 결국 관계는 개인으로 시작되는 것이고 어디서든 마땅히 해야 할 바가 있다고 믿었다. 일본과 우리나라의 관계를 볼 때, 국가는 개인을 포함하는 범위이지만 그 안에 수많은 관계로 얽혀 있고 좋은 편, 나쁜 편으로 갈라 얘기하기에는 너무나 복잡한 일들이 엮여 있다는 것을 알고 있었다.

야간열차 편에 떠나기로 한 날, 김종희는 고이케 부부를 배웅하려고 미리 서울역에 나와 있었다. 고이케 부부를 부산까지 안내할 민영만이 기차 시간에 맞춰 그들을 서울역으로 데리고 나오게 되어 있었다. 고이케 부부가 민영만을 따라 서울역에 도착한 것은 개찰이 막 시작될 무렵이었다. 김종희는 고이케 앞에 봉투 하나를 내밀었다.

"아니, 이것은?"

고이케는 봉투를 열어보고 크게 놀랐다. 10달러짜리가 수십 장 들어 있어 묵직했다. 김종희는 고이케 부부를 빈손으로 떠나보낼 수 없었다. 그들이 일본에 도착하면 당장 필요할 것 같아서 돈을 마련해둔 것이다. 지난 설에 충남 천안 본가에서 가져와 먹던 쌀을 팔고 주머닛돈을 보태서 마련한 1만 원을 스미스에게 주고 미국 달러로 바꾸어달라고 부탁했다. 지난해 10월 1일자로 군정청이 고시한 미국 달러화 적정 환율은 50원 대 1달러였다. 하지만 그때 이미 달러는 암시장에서 80원 대 1달러로 거래되고 있었다.

"이 미국 돈이 모두 얼마인가?"

"625달러밖에 되지 않습니다."

미화 625달러는 무척 큰돈이었다.

"제 작은 성의이니 받아주십시오."

"이런 돈을 받을 자격은 없지만 상황이 급하니 어쩔 수 없군. 고맙네. 조선에 자네 같은 패기에 찬 젊은이가 있다는 사실을 오래오래 기억하겠네!"

그사이에 개찰이 시작되어 손님들이 썰물처럼 빠져나갔다. 고이케 부인은 개찰구를 나가는 동안에도 몇 번이나 뒤를 돌아보며 김종희에게 머리를 조아렸다. 플랫폼 쪽으로 멀어지는 고이케 부부의 뒷모습을 지켜보며 김종희는 그들이 무사히 귀국하기를 빌었다.

화약공판 관리인이 되다

군정법령 제73호는 1946년 4월 23일 공포되었다. 이 법령에는 1945년 12월 6일자로 공포한 군정법령 제33호에 따라 접수된 일본인 재산에 대한 실질적인 관리운영을 구체적으로 규정한 내용을 담았다. 지금까지 형식상 공업국 감독을 받아온 모든 산업시설을 군정청이 파견하는 미 고문관 감독 아래 조선인 관리인이 운영을 전담하는 방식으로 전환한다는 내용이었다. 누가 화약공판 관리인이 되느냐 하는 것은 화약계의 미래와 직결되는 중대사였다.

김종희는 무엇보다 광복 직후 부정을 저질러 회사에서 쫓겨난

총무담당 강선호가 화약공판 관리인으로 임명되는 것만은 어떤 일이 있어도 막아야 한다고 생각했다. 김종희는 그 길로 미군사령부를 찾아가 스미스를 만나서 단도직입적으로 말했다. 그는 그동안 미군을 접촉해온 경험으로 그들에게는 어떤 일에나 솔직하고 정직하게 접근해야 한다는 것을 알고 있었다.

"이번 기회에 내가 화약공판 관리인이 되어야겠다."

"당신이 관리인이 될 것은 당연하지 않은가?"

"다른 사람이 임명될 수도 있을 것이다."

"라이벌이 있는가?"

"없다고 말할 수 없다. 만약 화약을 모르는 사람이 관리인으로 임명되거나 전에 화약공판에 근무하다가 불미스러운 일로 퇴직 당한 사람이 관리인으로 임명된다면 화약계를 위해서도 불행한 일이다."

"공업국에 파견된 미군 장교들 가운데는 내 동료들도 있다. 내가 화약공판 감독관 자격으로 내 동료들에게 그런 불행한 일이 없게끔 충고해놓겠다."

다음 날은 김종희의 혼인날이었다. 김종희는 회사 앞에 화약 운송차를 대기시켜놓고 있었다. 오늘은 오밤중이 되더라도 시골집으로 내려가야 했다. 어제 아침에 내려갈 예정이었으나 군정법령 제73호 때문에 차질을 빚게 되었다. 김종희는 초조하게 스미스를 기다렸다. 그가 오늘 중으로 공업국에 들르기로 약속되어 있었기 때문이다. 지배인실 벽시계가 어느덧 오후 5시를 가리켰다. 그러나 스미스는 6시가 지나도 나타나지 않았다.

"시골에서 어른들이 기다리실 텐데 이제 그만 내려가야죠. 지배인님!"

총무담당 민영만이 출발을 재촉했다.

"알았어. 내가 없는 동안 무슨 일이 있으면 당장 시골로 연락하게."

"그새 무슨 일이 있으려고요. 걱정 말고 다녀오세요."

김종희는 어떤 일이든 한번 집착하면 끝날 때까지 그 일에 대한 집념을 버리지 못했다. 그는 화약운송차를 타고 달리면서도 신부 얼굴보다 내내 조선의 화약산업 본산인 화약공판을 지켜내야 한다는 생각만 머리에 가득 차 있었다. 신랑집 잔칫날은 30일 월요일이었다. 아침부터 몰려온 하객들로 집 안이 장터처럼 북적거렸다. 김종희가 안방에서 폐백을 드리고 나올 때였다.

"지배인님! 지배인님!"

민영만이 황급히 하객 틈을 헤치며 나타났다. 그를 보는 순간 김종희는 가슴이 철렁 내려앉는 듯했다.

"축하해요. 지배인님! 스미스 대위가 왔어요."

"뭐, 스미스?"

김종희는 사모관대 차림 그대로 대문 밖으로 달려 나갔다. 스미스가 환한 얼굴로 지프에서 내렸다.

"헬로!"

"컹그래추레이션!"

"생큐, 생큐!" 스미스가 내려온 것은 김종희의 결혼을 축하하고, 그가 화약공판 관리인이 되었다는 사실과 함께 스미스가 고문으로 내정되어 앞으로도 같이 일하게 되었다는 소식을 전하기 위해서였다.

김종희는 스미스의 손을 잡고 쾌재를 불렀다. 진귀한 미군 축하손님을 맞은 신랑집 잔치 분위기는 더욱더 무르익었다. 이날 김종희는 평범한 집안 출신 강태영과 백년가약을 맺었다.

1946년 4월 28일, 김종희는 강태영 여사와 화촉을 밝혔다.

화약 국산화의 꿈은 멀어지고

김종희는 소신대로 화약인의 길을 갔다. 그리고 화약 국산화라는 새 목표를 세웠다 그는 화약공판 관리인으로 있으면서도 갑갑해할 때가 많았다. 일제강점기에는 일본인 회사에서 일본산 화약을 취급했고, 해방 후에는 미군 감독하에 미국산 화약을 취급해야 했으니 그 상황이 답답했던 것이다. 우리나라에서 물건을 생산하지 못하고 전부 수입에만 의존하는 구조로는 회사의 발전을 기대하기 어렵고 외국의 상황에 따라 국내 업무에도 영향을 받으므로 장기적인 목표를 세우기 어려웠기 때문이다.

'앞으로는 화약이 있어야 근대화를 이룰 수 있다. 언제까지나 수입에 의존할 수는 없지. 비록 지금은 기술자도 부족하고 시설도 열악하지만 한번 도전해보자.'

김종희는 인천화약공장을 떠올렸다. 그곳이 국산 화약 제조를 시도해볼 수 있는 마지막 희망이었다. 미군의 관리를 받던 인천화약공장은 화약을 생산하는 본래 역할이 아닌, 사실상 군사기지가 되어 있었다.

그러던 어느 날 미군은 인천화약공장을 제2조병창(무기, 탄약 등을 보관하는 건물)으로 쓴다는 통보를 해왔다.

"스미스! 인천화약공장을 단순히 화약을 보관하는 창고로만 사용하는 건 너무 큰 낭비입니다. 화약을 만드는 공장으로 다시 운영할 수 있게 해주세요. 우리가 어떻게 해서든지 화약을 만들어보겠습니다."

안 될 것도 없을 것 같았다. 김종희의 강한 신념은 결국 세실 신부에게 들은 말씀에서 나오는 것이었다.

'디도, 꿈은 꾸는 자의 몫이야. 지금은 비록 희미하게 보이고 실패한 것처럼 느껴질지라도 좌절하지 마라. 꿈을 놓지 않으면 언젠가는 꼭 이루어지게 되어 있어. 하느님은 꿈꾸는 자, 부지런한 자, 노력하는 자를 들어 쓰시거든. 절대 포기하지 말고 하나씩 하나씩 이루어가렴.'

스미스도 김종희의 강한 신념에 전염된 듯 의견을 냈다.

"미스터 김, 그럼 상부에 진정서를 한번 내보세요. 나도 힘써보겠습니다."

김종희는 곧바로 인천의 제2조병창을 본래의 화약 공장으로 되돌릴 것을 요청하는 진정서를 냈다. 이외에도 자신이 할 수 있는 모든 방법을 동원했다. 하지만 미군의 정책은 단호했고 되돌릴 수 없다는 것도 확실했다. 1949년에는 한국에 주둔하던 미군이 전면적으로 철수하면서 화약 공장을 세우겠다는 꿈은 요원해지는 듯했다. 주한 미군이 철수하자 미국에서 화약을 받던 공판도 곧바로 어려워졌다.

1950년에는 6·25전쟁까지 일어나는 바람에 화약 국산화의 꿈은 미뤄졌고 현 상태를 유지할 수밖에 없었다.

6·25전쟁과 화약고

1950년 6월 25일 새벽.

"콰콰쾅! 쾅쾅!"

"아니 이게 무슨 소리지?"

김종희는 폭음에 놀라 건물 밖으로 뛰쳐나왔다. 비행기가 시꺼멓게 하늘을 메우고 있었다.

웬만하면 놀라지 않는 김종희도 슬슬 걱정되었다. 해방 후라고 해도 정치나 사업이나 안정되지 않은 상황이라 남북 군인들 사이에서 충돌이 많았다. 옹진반도, 철원 부근에서는 밤낮이다시피 충돌이 있었기 때문에 전쟁이 일어났다고 해도 사람들은 별 관심이 없었다. 하지만 연속해서 허공을 찢어낼 듯 광폭한 전투비행기 소리는 이전과는 뭔가 다르다는 느낌이 들었고 내심 긴장이 되었다.

그때 한 직원이 허겁지겁 달려왔다.

"지배인님! 지배인님! 지금 북한군이 쳐들어오고 있답니다."

"뭐라고? 전쟁이 터진 거야?"

"라디오뉴스에서 그러던데요."

김종희는 라디오부터 켰다. KBS 위진록 아나운서가 떨리는 목소리로 소식을 전했다.

"임시뉴스를 말씀드리겠습니다. 임시뉴스를 말씀드리겠습니다.

오늘 새벽 38선 전역에 걸쳐 북한 괴뢰군이 공격을 시작했습니다. 그러나 국민 여러분 안심하십시오. 우리 국군이 건재합니다."

6월 25일 새벽 6시부터 연속적으로 방송이 나왔지만 사람들은 별로 염두에 두지 않았고 일부는 그날 열리는 축구시합을 보러 가기도 했다. 이후 국방장관까지 국민을 안심시키려는 방송을 했지만 오후 1시가 넘어서자 사람들이 눈에 띄게 허둥대는 모습이 보였다.

당시 소련은 북한군에 문관을 배치해 직접 남침 훈련을 시키고 있었고, 1949년부터는 전시체제화되어 있었다. 17세부터 40세까지의 모든 남녀를 동원하여 강제로 군사훈련을 실시했고 1949년 2월 말에는 남한 돌입 및 배후 침투를 위한 보전포(보병, 기갑, 포병) 합동훈련을 실시했다. 1950년에 접어들면서는 서울을 중심으로 하는 남한 전역의 지형을 연구하여 이를 토대로 훈련을 계속했다.

북한군은 7개 보병사단, 1개 기갑사단 및 수 개의 특수 독립연대로 구성된 총병력 11만 1,000명과 각종 포, 자주포 등을 제일선에 투입했다. 그중 제1군단이 서울을 목표로 일제히 남진했다.

김종희도 전쟁이 일어났다는 것이 실감나기 시작했다. 하지만 전쟁보다 더 무서운 것은 화약창고를 어떻게 보존하느냐는 것이었다. 불안하고 두려운 시간이 흘러갔고, 전쟁 상황을 지켜보던 직원이 사무실로 뛰어들어왔다.

"지배인님, 지금 북한군이 서울로 들어오고 있답니다. 중앙청은 벌써 텅텅 비었다고 해요! 우리도 빨리 피란 가야 할 것 아닙니까?"

"피란을 간다고? 그럼 화약은 어쩌고?"

"아니, 화약고가 문제가 아닙니다. 일단 사람부터 살고 봐야죠. 당장 북한군이 무슨 일을 벌일지 알 수 없는 상황입니다. 밖에 좀 나가보세요. 다들 피란 간다고 이고 지고 난리가 났습니다."

김종희가 사무실 밖으로 나와 보니 직원 말대로 피란길에 오른 사람들이 행렬을 지어 걸어가고 있었다. 남자들은 등에 봇짐을 지고 여자들은 머리에 짐을 꾸려 이었고, 걸을 만한 아이들 등에도 괴나리봇짐이 매어져 있었다. 짐을 진 채 젖먹이 아기를 업은 여자도 있었고 금방이라도 숨이 넘어갈 것 같은 노인을 지게에 진 남자도 있었다. 그들의 얼굴에는 살아남아야 한다는 비장함만이 서려 있었다.

그러는 중에도 6월 27일 밤 9시부터 11시까지는 대통령 이승만의 '특별담화 방송'이 31번이나 나왔으며, 이 방송을 듣고 안심하는 사람들도 있었다.

김종희는 정치 쪽에 몸담고 있던 형 김종철을 통해 전쟁이 꽤 오래갈 것이라는 말을 들었다. 고심하고 있는 김종희에게 직원이 다시 물었다.

"지배인님, 어떻게 할까요?"

"어떡하긴. 난 남아서 화약을 지키겠네."

"아이고 어쩌시려고요?"

"지금 화약고에 화약이 산더미처럼 쌓여 있는데 어떻게 피란을 간단 말이야?"

피란 행렬을 보면서 김종희도 불안함이 엄습해온 건 사실이다. 한시라도 빨리 가족을 데리고 남쪽으로 가는 게 맞는지도 몰랐다. 하지만 가뜩이나 위험한 전쟁 상황에서 화약고를 팽개치고 간다면 화약이 누구 손에 들어가 어떻게 쓰일지 장담할 수 없었다. 게다가 아주 미세한 충격과 열에도 폭발을 일으킬 수 있는 위험물이니 혹시라도 사고가 나면 북한군의 폭격보다 더한 피해를 입을지도 모르는 상황이었다.

김종희는 창문 밖으로 앞서거니 뒤서거니 무리지어 움직이는 피란 행렬을 무연히 바라보았다. 그러다 문득 생각했다.

'내가 조국을 사랑한다면 끝까지 화약계를 지켜야 한다. 조국이 앞으로 자주독립을 하려면 산업을 일으켜야 하고, 그러려면 화약이 반드시 필요하다.'

'화약이 전쟁에만 쓰이는 것은 아니다. 물론 전쟁할 때는 화약이 있느냐 없느냐가 한 나라의 운명을 가르기도 하지만, 산업을 일으키려면 화약이 필수다. 당장 우리 조국을 보더라도 광산 개발에도 쓰이지만 도로나 철도를 놓고 산을 뚫어 굴을 만들 때도 쓰인다. 길이 뚫려야 온 나라 산업이 제대로 굴러간다. 길은 사람으로 치면 혈관하고 똑같다. 피가 돌아야 사람이 사는 것처럼 길이 있어야 모든 산업이 제대로 굴러갈 수 있다.'

김종희는 이 땅에서 화약산업을 지키는 것이 자신의 사명이라는 생각을 더욱 확고하게 했다. 화약을 두고 피란을 가면 우리나라 화약산업은 끝난다고 봐야 했다. 전쟁이 언제 끝날지는 모르지만 화약만은 끝까지 지키자. '죽고자 하면 살고 살고자 하면 죽는다.'

김종희는 자신의 사명이라면 하느님이 자신과 함께하실 것이라는 확신이 들었다. 김종희는 화약공판 사무실에 앉아 포성을 들었다. 포성이 점점 가까워져 바로 등 뒤에서 폭탄이 터지는 것처럼 '쾅, 우르르 쾅쾅' 소리가 멈추지 않았다. 아무래도 다이너마이트의 폭발음 같았다.

전쟁 중 목숨을 걸고 화약을 지키다

6월 28일 신문을 보니 그날 새벽에 한강대교와 한강철교가 다이너마이트로 폭파되었다는 기사가 실렸다. 한강대교를 건너던 500여 명이 넘는 피란민이 다리가 폭파되면서 생명을 잃었다. 김종희는 철로 만들어진 거대한 다리가 형체를 알아볼 수 없을 정도로 주저앉은 것을 보면서 다이너마이트의 무시무시함을 다시 한번 느꼈다. 김종희는 마음이 다급해졌다. 아무래도 홍제동에 있는 화약고가 위험할 것 같다는 생각이 들었다.

황급히 사무실로 올라간 김종희는 주변 정리부터 했다. 김종희가 화약공판을 운영하면서 관계를 맺었던 사람들의 명함부터 업무와 관련된 서류까지 모두 없애야 했다. 그 모습을 본 직원이 물었다.

"지배인님, 서류와 명함을 왜 다 찢으세요?"

"여기도 곧 북한군이 점령할 텐데 우리 회사랑 관련된 사람이나 기관이 알려지면 곤란하지 않겠어? 그동안 화약 한 박스를 옮겨도 경찰관서의 허가를 받았으니 만에 하나 관련 문서가 그들 손에 들어가서 화약이 어디에 얼마나 있는지 알게 되면 우리 회사는 말할 것도 없고 국가적으로도 큰 손해를 볼 수 있어."

김종희는 자료를 한 장 한 장 잘게 찢어서 증거를 모두 없앴다. 그러고는 남아 있던 직원들에게 일렀다.

"이제부터 우리는 화약 기술자야. 나를 지배인이라고 부르면 안 되네. 그랬다가는 화약공판이 어떻게 될지 몰라. 늘 명심해."

화약 기술자로 변신한 김종희는 직원 한 명을 데리고 화약고가 있는 홍제동으로 향했다. 그렇게 며칠이 지났는데, 예상대로 빨치산 모자를 쓰고 어깨에 총을 두른 내무서원들이 들이닥쳤다. 빨치산은 공산 유격대로 북한이 전쟁을 일으키면서 사회질서를 유지하겠다는 목적으로 만든 조직 중 하나였다. 그중 윗사람으로 보이는 사람이 날카로운 눈초리로 사무실을 둘러보며 김종희와 직원들에게 물었다.

"동무들은 다 뭐 하는 사람들이오?"

김종희가 어리숙한 표정으로 느릿느릿 대답했다.

"저희는 화약 기술자입니다. 화약고도 관리하고 폭파 현장에 나가서 화약 사용법을 가르쳐주기도 합니다."

내무서원들은 더 나올 게 없다고 생각했는지 회사에 대해서는 꼬치꼬치 캐묻지 않았다. 긴장하고 있던 김종희가 속으로 가슴을 쓸어내리며 낮게 한숨을 내쉬었을 때였다. 그가 손가락 끝으로 창밖을 가리키며 명령했다.

"그럼 저 산 밑에 있는 화약고나 보여주기요."

김종희 가슴이 다시 한번 쿵 내려앉았다. 또 다른 위기였다. 그들에게 화약고를 보여주는 것은 우려한 대로 남한을 공격하는 무기를 대주는 것과 마찬가지였기 때문이다. 김종희는 걱정과 두려움에 간이 오그라드는 것 같았지만 애써 담담한 척하며 그들을 말렸다.

"아, 안 됩니다! 화약고에 가까이 가는 건 위험합니다. 아무나 접근할 수 없어요. 자칫 잘못하면 폭발할 수 있으니 근처까지만 가서 보십시오."

김종희가 겁을 주었음에도 그들은 의심을 풀지 않은 채 막무가내로 화약고 입구까지 갔다.

화약고에 들어선 김종희와 일행은 긴장감에 입이 바짝 말랐다. 화약상자를 살펴본 내무서원들이 미간을 찡그리며 말했다.

"동무, 이거 정말 화약이 맞는 기요? 이거 혹시 양키놈들 물건 아니오?"

화약상자에는 원조로 들어온 물건임을 뜻하는 도장이 찍혀 있었다.

"남한은 화약 생산기술이 없어 어쩔 수 없이 미국에서 원조를 받고 있습니다."

김종희의 설명에도 그들은 창고 이곳저곳을 돌아다니며 화약상자를 들여다보았다.

"썩 미덥지는 않지만…. 내무서 지시가 있을 때까지 화약을 잘 지키시오."

그들이 회사 밖으로 완전히 나간 다음에야 김종희는 한숨을 내쉬었다. 그 후로도 북한군은 계속해서 회사 사무실을 들락거리며 김종희를 괴롭혔다.

"그 많은 화약이 어떻게 들어왔느냔 말이오! 아무 상관도 없는데 그렇게 많은 화약을 어떻게 받았느냐고! 동무, 양키놈들 앞잡이 아니야?"

아무리 북한군이 협박해도 김종희의 답은 한결같았다. 화약공판에 대해 캐물으면 자신은 전혀 모른다고, 기술자일 뿐이라고 시치미를 뗐다. 그들은 증거를 찾아내고야 말겠다며 책상이나

서랍을 뒤지기도 했다. 다행히 김종희가 회사의 중요한 서류들을 없앴기에 정체가 들통 나지는 않을 수 있었다.

그때 김종희가 기지와 뚝심으로 지혜롭게 위기를 넘기지 않았다면 십중팔구 북한군에 화약을 빼앗겼을 터였다.

1950년 6월 25일 새벽에 일어난 전쟁은 9월 중순이 되도록 끝날 기미가 보이지 않았다. 피란 떠난 사람들은 타향에서 살아가느라 힘들었고, 서울에 남은 사람들은 그들대로 한여름 삼복더위와 폭격으로 무너진 잔해 더미에서 갈팡질팡했다.

인천상륙작전과 화약 수송 작전

1950년 9월 15일 오전 6시 국제연합(UN)군이 맥아더의 지휘 아래 인천에 상륙했고 남쪽으로 밀려났던 우리 군이 합류했다는 소식이 들렸다. 한미 해병대가 월미도에 상륙하기 시작하여 작전개시 2시간 만에 점령을 끝낸 것이다. 북한군은 낙동강 전선에서 교착상태에 빠졌다. 작전 개시 5일 후인 20일에는 주력부대가 한강을 건넜고 27일 정오 중앙청에 한국 해병대가 태극기를 게양함으로써 인천상륙작전이 성공적으로 끝났다.

김종희는 서울 사무실을 지키는 한편, 전국에 있는 영업소가 어떤 상황인지 궁금해서 견딜 수 없었다. 화약고는 서울의 홍제동뿐 아니라 전국적으로 보면 스무 군데가 넘었다.

북한군이 점령한 낙동강보다 아래쪽에 있는 대구나 부산의 열세 군데 화약고는 비교적 안전하겠지만 전주, 군산 등 여덟 군데는 어떤 사정인지 소식을 들을 수 없었다. 게다가 화약을 제조하는 인천화약공장이 함포 사격으로 완전히 부서졌다는 소식까지 들렸다.

'아, 화약고와 공장이 모두 부서졌으니 어떻게 복구한다지?'

김종희는 화약을 제조할 수 있는 길이 점점 더 멀어지는 것 같아 가슴이 무너지는 것 같았다.

국내 정세는 다시 혼돈 속으로 휘말려 들어갔다. 급기야 10월에는 중공군이 북한을 도우려고 참전했고 연합군은 38선 이남으로 후퇴하게 되었다. 무슨 일이 있어도 서울을 지키겠다던 대통령의 다짐도 수포로 돌아갔고, 서울 시민들에게는 피란하라는 명령이 내려졌다.

상황이 급박한 가운데 1950년 12월 말경에는 홍제동에 있는 화약고도 위험에 처하게 되었다. 김종희는 그곳에 있는 화약을 안전한 곳으로 옮기는 게 좋겠다는 생각이 들었다. 김종희는 그 길로 외자청으로 달려가 화약을 옮길 차량을 배차해달라고 요구했다. 외자청은 외국에서 들여온 원조 자금, 수입 물자 등을 관리하는 행정기관이었다. 김종희의 설명을 들은 담당자가 트럭을 배차해주겠다고 약속했다. 하지만 당장은 차를 내줄 수 없는 상황이라고 하니 김종희는 마음만 급했다.

북한군에 중공군까지 밀고 내려오는 터라 점령 속도가 더 빨라졌고 서울은 당장이라도 북한군 손에 넘어갈 것 같았다. 김종희가 외자청에 트럭을 요청하고 돌아와서 한참을 기다려도 지원 차량이 오지 않았다. 한강 다리는 이미 끊겼고 여기저기서 폭발음이 들려오는 등 1분 1초가 급박하게 돌아갔다.

서울 시민들의 피란 행렬이 끝없이 이어졌다. 김종희와 직원들은 피란도 못 가고 뜬눈으로 하룻밤을 꼬박 기다렸다. 얼마나 지났을까. 수도 없이 문밖을 서성이던 중 밤 9시가 되어서야 저 멀리서 헤드라이트 불빛이 보였다. 외자청에서 보낸 트럭이었다. 소형 트럭이었지만 다섯 대를 보내준 것에 감지덕지해야 했다.

김종희와 직원 넷을 포함하여 다섯 명이 창고에 있는 화약을 트럭에 실었다. 김종희는 38선이 가까운 홍은동보다는 비교적 안전한 영등포역 구내의 대한통운 창고로 옮겨놓는 것이 낫다고 판단했다. 트럭 한 대에 화약 100상자를 실을 수 있었다. 이틀 동안 여섯 번에 걸쳐 화약을 운반했는데 한 번 할 때마다 네 시간에서 다섯 시간이 걸렸다. 이미 서울이 북한군에 넘어간 터라 언제, 어디서 검문을 당할지 알 수 없었다. 화약을 다 옮긴 김종희와 직원들은 안도감에 다리가 풀려 제대로 서 있지도 못했다. 한겨울인데도 온몸이 땀에 젖었고, 찬바람이 불자 선득선득 한기가 올라왔다.

그날이 1951년 1월 4일이었다.

김종희는 그제야 직원 다섯 명과 가족까지 모두 트럭 두 대에 태우고 피란길에 올랐다. 이날은 1·4후퇴일이고 한국군과 유엔군이 중공군에 밀리면서 서울을 완전히 내준 날이기도 했다. 그로부터 3일 후에는 수원에 이어 경기도 오산, 장호원, 충북 제천, 강원도 삼척까지 밀렸다. 김종희는 부산까지 피란을 갔는데 거기서 관리가 거의 안 되는 각종 군수물자를 보게 되었다.

전쟁 중에도 광산에서는 여전히 광석 캐내는 일을 계속했다. 부산화약공판에도 꾸준히 주문이 들어왔기 때문에 잔량이 줄어들고 있었다. 그 위기를 넘어갈 수 있도록 한 것은 미8군의 화약 관리를 맡으면서부터였다. 8·15해방 후 친분이 있던 스미스를 부산에서 다시 만나면서 일이 수월하게 풀렸다. 그때도 화약을 책임지고 옮긴 사람은 김종희였다. 당시 중석이 많이 수출되면서 광산에 화약을 대주어야 했는데 화약 자체가 워낙 위험할 뿐 아니라 국도 곳곳에서 공비가 출몰한다는 말이 돌아 동행하겠다고 나선 사람이 아무도 없었다.

한 치 앞도 알 수 없는 전쟁이 1953년 휴전협정 때까지 이어졌다.

한국화약주식회사 설립과 한국 화약산업의 미래

김종희는 화약산업의 맥이 끊어질 듯 끊어질 듯하면서도 이어지는 것이 놀랍고도 감사했다. 더욱 고무적인 일은 1952년 휴전회담이 진행되면서 국가 귀속 재산이던 조선화약공판을 민간인에게 매각하겠다는 공고가 나온 것이다. 그런데 화약산업을 하겠다고 나서는 사람이 아무도 없었다.

단 한 사람 김종희만이 매각에 응했는데, 화약공판의 지배인이지 실제 주인은 아니었기 때문이다. 경쟁자는 없었지만 화약공판 감정가격은 23억 원으로 공판의 실질적 가치에 비해 너무 높게 매겨졌다. 그는 23억 원보다 가격을 조금 높게 해서 입찰에 응하겠다고 했다. 그의 말을 들은 직원이 김종희를 말렸다.

"네? 23억 원도 너무 높은데요? 어차피 경쟁자도 없으니 조금만 기다리면 유찰되고 가격도 많이 떨어질 겁니다."

"우리나라 화약계를 위해서 조금 손해 본다고 생각하자고. 나라를 위해 지원금을 낸다고 생각하면 속 편하지 않겠나? 그나저나 미8군에게서 받은 달러가 있으니 비용은 충분하겠지?"

결국 경쟁 없이 화약공판을 인수할 수 있었고 드디어 '한국화약주식회사'가 설립되었다.

"이제 화약공판의 영업소들도 정상적인 업무가 가능해졌으니 우리가 직접 화약을 들여오는 방법을 연구해봅시다. 언제까지나 미군의 물자에 기대서 장사할 수는 없잖아요."

김종희는 휴전 후 나라의 틀이 갖춰질 무렵 화약을 바탕으로 기업인으로서 인생을 점화해나갔다. 김종희는 광산에서 캐낸 모나자이트 40드럼을 일본에 수출했고 그 자금은 대부분 화약을 수입할 달러로 확보했다.

그가 전례 없이 500톤이라는 막대한 양의 화약을 한꺼번에 수입하려고 하자 영업부장 유삼렬은 화약 대신 설탕 등 다른 생필품을 들여오자고 제안했다.

"지배인님, 요즘 같은 때 꼭 위험한 화약만 고집할 게 뭐 있습니까? 지금은 외국에서 뭘 들여와도 잘 팔릴 텐데요. 다른 기업들은 발 빠르게 움직여서 생필품이나 먹거리 등 온갖 것을 수입합니다. 그게 이윤이 대단하답니다."

전쟁을 틈타 소비재 산업에 주력해 기업 규모를 키울 수도 있었지만 김종희는 소비재는 거들떠보지도 않았다.

"잠깐의 이익 때문에 지금 화약을 포기하고 한눈을 팔 수는 없습니다. 우리라도 화약을 지켜야 한국 화약의 명맥이 이어질 것 아닙니까?"

사실 그때는 온 나라 산업시설이 파괴되어 자체 생산하는 것이 별로 없었기 때문에 어떤 것이든 생필품만 수입해오면 떼돈을 벌던 시절이었다. 그중 설탕의 예를 보아도 그랬다. 1950~1960년대 당시 국민들이 최고로 꼽는 선물은 설탕이었다. 6·25전쟁 직후인

1950년대는 배고픔을 해결하는 것이 급선무였다. 국내 산업 기반도 없었기 때문에 명절 선물이 상품화되지는 않았다. 지금 기준으로 본다면 선물이랄 것도 없는 것들, 즉 허기를 채울 수 있는 밀가루, 쌀, 달걀 등 농수산물을 주고받는 정도였다. 흔하지는 않지만 일상생활에서 구할 수 있는 것들이었다.

추석이나 설 등 명절에는 설탕이 가장 인기 있는 선물이었다. 이후에는 커피 선물세트가 가장 받고 싶은 선물이었고 설탕과 비누, 조미료 등 생필품이 인기를 끌었다. 당시 선물은 100여 종으로 그중 먹고살기 어려운 시기에 단맛을 내는 설탕은 가정에서 가장 인기가 좋았다. 손님이 찾아오면 설탕물을 대접하는 경우도 흔했다. 경제가 발전하면서 국내 설탕 소비량도 크게 늘었다. 당시 6킬로그램 설탕 한 봉지의 가격은 780원이었다.

해방 직후인 1946년에 조사한 물가를 보면 같은 무게일 경우 설탕이 쇠고기보다 2배 비쌌을 정도다. 1953년 11월에는 우리나라 대기업 중 제일제당이 설탕을 제조하기 시작했다. 당시 남한에는 설탕 생산시설이 전혀 없었으므로 국내 가격이 국제 가격의 3배나 되었다.

1953년 100퍼센트였던 남한의 설탕 수입 의존도는 제일제당의 설립으로 1954년에는 51퍼센트, 1956년에는 불과 7퍼센트로 뚝 떨어졌다. 제품의 원료는 해외 원조물자 중 하나인 원당이었고 하루 생산능력은 25톤 정도였다. '아침에 설탕 한 트럭을 싣고 나가면 오후에 돈이 한 트럭 들어온다'라고 할 만큼 설탕은 인기를 끌었다.

하지만 김종희는 이익 지체에 눈을 돌리지 않았다. 조국 근대화를 위해선 무엇보다도 기간산업에 우선순위를 두어야 한다는 신념 때문이었다. 기업을 통해 국가와 사회에 기여하겠다는 김종희의 생각은 확고부동했다.

하지만 화약은 폭발물이라는 위험성 때문에 들여오는 데도 선박 편에 제한이 따랐다. 어렵게 수입하고 나서도 경찰에 일일이 신고해야 했고 마음대로 팔 수도 없었다. 그러나 김종희의 대답은 단호했다.

"몇십 배가 남는다고 해도 내 기준은 확실합니다. 설탕이나 페인트를 들여올 달러가 있으면 단 얼마라도 화약을 더 들여올 겁니다. 나는 솔잎을 먹고살아야 하는 송충이예요. 화약쟁이가 어떻게 설탕을 들여와요? 난 갈잎이 아무리 맛있어도 솔잎이나 먹고살 겁니다!"

폐허 속에서 피어난 화약개발의 열정

김종희가 화약 사업을 벌이기 위해 분주하던 어느 날, 장관실에서 그를 찾는다는 연락이 왔다. 공관으로 가니 상공부장관으로 취임한 강성태 장관이 있었다. 강 장관은 한국화약공업주식회사가 화약을 개발할 것을 제안했다. 이는 대통령의 염원이기도 했다. 강 장관이 단도직입적으로 김종희에게 제안했다.

"김 사장님, 인천에 있는 화약 공장을 아시오? 전쟁 때 폐허가 되었는데, 한국화약에서 책임지고 복구 사업을 해보는 것이 어떻겠소?"

비록 6·25전쟁이 끝나긴 했지만 4년여 동안 전쟁이 계속되면서 우리나라의 산업 기반은 거의 파괴되었다. 나라가 일어나려면 국가에서 주도하는 기간산업이 필요했다.

당시 우리나라는 농업, 어업 등의 1차산업에서 2차산업이자 근대화와 관련된 사업을 진행해야 하는 시점에 와 있었다. 사업 대부분이 건물을 짓고, 도로를 내고, 항구를 만드는 등 땅과 하천을 개발하는 데 집중되어 화약이 없으면 사업이 진행되기 어려웠다.

김종희는 바라던 바이기도 하지만 국가 산업의 기초를 닦는다는 책임감으로 가슴이 묵직하면서, 자신이 아니면 이 일을 할 사람이 없다는 장관의 말에 자부심을 느꼈다. 김종희는 조심스러우면서도 자신 있게 장관의 제안을 받아들이기로 했다.

"좋습니다. 힘껏 해보겠습니다."

하지만 원래 모습을 알아볼 수도 없을 정도로 폐허로 변한 화약공장을 보는 순간 김종희는 기운이 빠져버렸다.

사실 정부에서 우리나라 기술력에 의문을 품고 미국 업체에 복구공사를 맡기기로 계획하고 견적을 요청한 적이 있다. 미국 측에서는 최소 생산규모(연산 4,500톤)의 다이너마이트 공장 건설에만 190만 달러가 든다는 견적을 보내왔다. 이는 당초 투자계획을 몇 배나 초과하는 거액이었고 공장 규모도 당시 국내 다이너마이트 수요를 몇 배나 초과하는 과잉투자로 판단되는 수준이었다.

그뿐만 아니라 당초 계획에는 또 다른 문제점이 있었다. '다이너마이트' 공장 복구 계획만 세웠을 뿐 뇌관 공장 복구는 포함하지 않았던 것이다. 화약 공장을 복구한다면서 폭약만 생각하고 뇌관을 빼놓은 것만 보아도 당초 계획을 비전문가들이 짰다는 것을 알 수 있었다.

1953년 8월 21일 서울로 올라온 김종희는 화약의 국산화를 구상하기 시작했다. 하지만 화약공판에서 근무하면서 국내 4대 화약 공장을 모두 다녀본 그로서는 화약 공장의 제조시설이 얼마나 방대한지, 그리고 이것이 결코 하루아침에 이루어질 수 있는 사업이 아니란 것을 너무나 잘 알고 있었다.

아무래도 일본의 화약산업 현황을 파악해보는 것이 좋겠다고 판단한 김종희는 인천화약공장을 건설한 회사인 '일본유지'를 찾아갔다. 일본유지에는 마쓰무로가 상무로 일하고 있었다. 마쓰무로는 조선화약공판의 중역이던 일본 카리트의 요시다 전무, 일본화약의 우에노 상무, 그리고 아사히가세이의 스즈키 취체역을 만날 수 있도록 주선했다. 김종희는 마쓰무로로부터 인천화약공장 건설을 맡았던 후카오가 규슈공업대학에 있다는 소식도 들었다.

"인천화약공장 설계도의 행방은 도쿄대학 난바 교수가 알고 있을 겁니다."

하지만 그가 출장 중이라 만날 수 없었는데, 김종희는 놀랍게도 그곳에서 고이케를 만나게 되었다. 고이케는 김종희가 도상에서 퇴학당하고 원산상업학교에 다닐 때 숙식을 제공한 사람이었다. 그를 통해 조선한국공판에 취직까지 했으니 대단한 인연이었다. 그는 전쟁이 끝난 후 김종희의 배려로 무사히 본국으로 돌아갈 수 있었으니 반가워할 수밖에 없었다. 그런 그가 도쿄대학 수위실장으로 근무하고 있었다.

김종희의 사정을 안 고이케가 후카오에게 연락해준 덕분에 김종희는 공장 설계도를 받을 수 있었다. 김종희는 여러 회사의 화약 공장도 둘러보았다. 그가 돌아본 일본의 화약 공장들은 우리나라 화약 공장과 비교할 수 없을 만큼 대단했다. 다행히 김종희는 이 과정에서 한국의 화약 국산화 방향을 설정할 수 있었다. 비교적 제조공정이 간단한 초안폭약을 생산하는 것이 바람직하다는 판단을 한 것이다.

시련 속에서도 멈추지 않은 다이너마이트 국산화 작업

한국으로 돌아온 김종희는 바로 인천화약공장으로 달려갔다. 손에 들고 있던 설계도와 폐허가 된 자리를 일일이 맞춰보며 복구 작업에 들어가려고 구상했다. 하지만 작업을 진행할 엄두가 나지 않았다. 공장 면적은 49만 평(약 1,620m²)이고 공장 건물은 관리사무실, 기숙사, 각종 공실 창고 등을 합해 28동이었다. 발전실, 냉동실, 보일러실 등 각 기관실과 다이너마이트 제조 시설, 공업뇌관 및 도화선 제조실 등 대형기계 설비도 100여 점이 넘었다.

복구팀을 맡은 교수가 차라리 새로 짓는 것이 낫다는 제안을 할 정도였다.

"교수님, 당장의 이익만 보면 그게 나을 수도 있습니다. 하지만 나라 살림도 생각하고 기업의 장래를 봐도 기존 시설을 최대한 활용해야 하지 않겠습니까? 어렵긴 하겠지만 원래대로 한번 해 봅시다."

1954년 2월 김종희는 1년 안에 초안폭약공장을 건설한다는 목표 아래 초안폭약 생산기술을 검토한 뒤 이를 토대로 계획서를 꼼꼼하게 작성하여 상공부에 허가를 신청했다.

이때 이미 이승만 대통령에게 화약의 국산화를 추진하라는 지시를 받은 상공부장관이 '구조선유지(주) 인천화약공장의 복구

운영에 관한 건'을 국무회의에서 통과시키고 '한국화약공업주식회사'의 정완규에게 인천화약공장에 대한 임대차계약을 추진하고 있었다.

그즈음 김종희는 회사 경영에 어려움을 느끼고 있었다. 일본과 교역이 금지되는 바람에 일본에서 화약을 수입하는 길이 막히고, 모자나이트 수출도 어려움에 빠져 있었던 것이다. 게다가 복구비용 전액을 지원해주기로 한 상공부장관 강성태가 물러나면서 형편이 더욱 어려워졌다.

한국화약에서 허가 신청서를 접수하고 한 달 뒤 상공부에서 긍정적인 검토 결과를 내놓았다. "현재의 다이너마이트 생산 계획으로도 국내 수요를 충족할 수는 있으나, 본 계획은 정부 자금으로 추진하는 한국화약공업과 달리 자기 자본으로 추진하고자 하는 것이며, 만들고자 하는 화약이 다이너마이트와는 다른 신종 화약으로서 화약의 사용 분야를 새로이 개척할 수도 있는 바, 국가 경제발전에 도움이 될 것으로 사료된다"라는 내용으로 '허가하는 것이 타당하다'는 취지의 설명을 달아 국무회의에 상정키로 한 것이다.

한편, 인천화약공장을 복구하는 일은 점점 더 어려워지고 있었다. 워낙 어려운 작업인데다가 국가 지원금도 들어오지 않으니 이러지도 저러지도 못하는 상황이 된 것이다.

1954년 9월 8일 상공부는 이러한 내용을 포함, 일본에서 시설을 도입하되 외화 60만 7,912달러는 정부 보유분으로 집행하고 한화 3억 3,873만 3,000환은 한국산업은행에서 융자토록 하여 연산 다이너마이트 900톤, 뇌관 900만 발 생산규모의 공장으로 복구한다는 수정계획을 수립해서 1년 만에 다시 국무회의에 상정했다.

5일 뒤인 9월 13일 제45회 국무회의에서 대통령 이승만은 '화약 제조는 국방부 관할하에 두라'고 지시했다. 불과 5개월 전 화약 공장 관할권을 국방부에서 상공부로 이관시켰는데 다시 국방부가 관할하라고 한 것이다. 어찌되었든 대통령은 상공부가 상정한 제2차 화약 공장 복구 계획을 '다시 연구하라'며 부결시키고 말았다.

기술 부족과 자금난 등으로 도저히 공장 재건을 더 진행할 수 없다고 판단한 한국화약주식회사에서는 1955년 1월 20일 상공부에 인천화약공장 임대차계약을 반환하고 말았다. 화약은 자본력만 있다고 해서 누구나 생산할 수 있는 제품이 아니다. 그로부터 10개월이 지난 1955년 10월 26일 한국화약주식회사에서 인천화약공장을 인수하는 조건으로 공장을 불하받고 나서야 드디어 화약 국산화는 성공하게 된다.

1955년 12월 24일이었다. 휴전이 된 지 2년밖에 안 되었지만 거리에는 크리스마스 분위기가 물씬 풍겼다. 백화점과 상점들에서는 산타, 루돌프 등으로 거리를 장식했다. 잡화점은 크리스마스용 선물을 구비해뒀고, 제과점은 크리스마스 케이크 판매에 열을 올렸다. 학생들은 크리스마스 씰(Seal)을 구매하며 크리스마스를 기념했다.

바로 그날 인천화약공장의 보일러 굴뚝에서 검은 연기가 피어올랐다. 김종희와 직원들은 굴뚝의 연기를 보며 함성을 지르고 박수를 쳤다. 추위를 잊을 만큼 감격적인 광경이었다. 드디어 1차 복구 작업을 마치고 보일러의 화입식을 끝낸 것이다.

김종희는 감사하는 마음으로 안도의 한숨을 내쉬었다. 그가 화약과 인연을 맺은 지 15년 만에 이룬 엄청난 결과였다. 공장에서 처음으로 생산한 폭약은 초안폭약이었다. 폭약을 만드는 과정은 쉽지 않아 원료를 배합하는 데 조금이라도 오차가 있으면 폭발이 일어나지 않고, 자칫 잘못하면 예상치 못한 사고로 이어질 수도 있다. 위험을 무릅쓰고 시험을 반복하던 어느 날 드디어 초안폭약 제조에 성공했다는 반가운 소식이 들려왔다. 다이너마이트 제조에 도전할 수 있는 길이 열린 날이기도 했다.

김종희는 공장을 복구하면서 회사 내에 채플 건물을 지었다. 인천 공장에서 화약 제조공정에 참여하는 모든 인력의 안전과 발전을 기원하고자 건축한 건물이다. 공장에서 일하는 직원은 물론 누구라도 위험에 노출되어 있었고 생사를 가르는 위험 속에서 김종희가 믿고 기도할 대상은 하느님밖에 없었다.

김종희는 다이너마이트 생산에 박차를 가하려고 계속해서 심

혈을 기울였다. 화약 전공서적에서 배운 내용을 복습하고 자료를 찾는 등 다이너마이트에 대해 끊임없이 연구했다.

"다이너마이트의 본질은 니트로글리세린인데… 열을 받기만 하면 단박에 폭발해버리니 조심하는 것밖에 대책이 없다. 다이너마이트를 국내 기술로 생산할 수만 있다면 분명 사업보국이요, 나라 발전에 큰 도움이 될 텐데…."

답답했던 것은 당시 한국에 있는 기술자들이 다이너마이트 제조에 대해 너무 무지해서 가장 기초 단계인 초화공실 작업도 어렵다는 것이었다.

초화공실 작업을 하기 위한 조건은 무척 까다로웠다. 먼저 초산과 유산을 혼합한 혼산의 온도를 5~10도로 조절해야 하고, 초화 온도는 17도 이하로 유지하면서 이상이 있는지 없는지를 배기가스의 색깔로 구별해서 가려내야 했다.

이처럼 까다로운 일이다 보니 이 일을 하려는 한국 사람은 찾기 어려웠다. 알아보니 한국인 중 초화공실이나 날화공실에서 일한 사람들은 공장 폭발사고 때 목숨을 잃었고 그나마 세 사람이 남아 있다고 했다.

1956년 4월, 다이너마이트 제조 시설을 복구하기 위한 2차 공사가 시작되었다. 이를 위한 작업으로 조선화학 비료공장에서 생산부장을 지낸 신현기를 과장으로 영입했다. 하지만 신현기 혼자서는 할 수 없었다. 다행히 이성구, 유영수, 이종현 등 초화공실 견습공으로 근무한 경험이 있는 이들을 찾았다. 세 사람 역시 실제 경험이 많지는 않았지만 니트로글리세린이 어떤 과정을 거쳐 생산된다는 정도는 알고 있었다. 그들이 요구하는 보수는 30만 환이었다. 인천공장장 월급이 3만 환, 사장 월급도 5만 환일 때이니 엄청난 액수였다. 김종희는 각자의 경험 정도에 따라 10만 환에서 23만 환까지 월급을 책정하고 일을 시작했다.

초화공실은 질산(HNO_3)과 황산(H_2SO_4)을 혼합한 냉각 혼산과 글리세린(Glycerin)을 반응시키는 초화과정을 거쳐 얻어지는 니트로글리세린 작업을 하는 곳이다. 즉, 혼산을 반응기에 넣고 압축공기로 섞으면서 글리세린을 주입하여 니트로글리세린을 만드는 작업이다. 이를 위해서는 온도를 조절하는 냉각 시설이 필요하고 폭발 등 예상치 못한 사고에 대비할 수 있도록 완벽한 안전장치가 있어야 했다.

1956년 12월 초 인천화약공장이 복구를 마치자 신현기 제조과장과 기술자 셋이 실습에 들어갔다. 맹물로 혼산 글리세린의 비율을 맞춰보는 작업을 했는데 손발을 맞추기 위해 수십 번이나 반복하며 연습했다.

실험을 위한 준비가 끝날 때쯤인 1957년 1월에는 대만에서 보일러용 석탄이 들어왔고, 2월에는 황산과 질산을 수입했다. 그 뒤 다이너마이트용 글리세린(순도 98.5퍼센트)이 들어오면서 초화작업을 위한 준비가 끝났다. 몇 달에 걸쳐 실습하고 초화에 필요한 재료를 들여오는 등 초화 예정일이 다가올수록 인천공장도 긴장감이 점점 커졌다.

목숨을 건 시험 초화 작업

1957년 5월은 초여름이라고 할 만큼 날이 더웠다. 아직 논이며 밭이 남아 있는 공장 주변에는 농민들이 나와 그해 농사를 준비하느라 바빴고, 어디를 보아도 푸르른 신록에 아카시나무 꽃이 흐드러지게 피어 향기를 날렸다. 약 6개월에 걸쳐 초화를

인천 한화기념관에 있는 초화공실

준비하고 있는 생산팀과 직원들은 계절이 오는지 가는지 느낄 수 없을 만큼 분주하게 지냈다.

그해 5월 29일이었다. 인천화약공장 초화공실을 둘러싼 토제 위에 초화 작업 중임을 알리는 빨간색 대형 깃발이 펄럭였다. 깃발은 초화 작업이 시작되기 직전에 올렸다가 끝난 직후에 내리게 되어 있었다.

초화 작업이 진행되는 동안에는 전 직원이 정숙한 가운데 초화 작업에 협조해야 하며 관계자 외에 어떤 사람도 초화공실 주위에 접근해서는 안 된다는 규정이 있었다. 무리 없이 진행된다면 초화하는 데 걸리는 시간은 50분 정도로 잡으면 됐다.

초화 시작 시간은 오전 11시. 초화공실은 말할 것도 없고 공장 건물 외부에도 얼씬거리는 사람이 아무도 없었다. 숨 막히는 시간이 11시 10분, 20분, 30분… 흘렀다. 일분, 일초가 숨 막힐 것 같은 팽팽한 긴장감 속에서 흘러갔다. 초화공실 안에 있는 기술자들은 말할 것도 없고, 밖에 있는 신현기 과장의 입술도 바짝바짝 말랐다.

시간이 흘러 11시 50분이 되자 신현기는 깃발이 내려졌는지 확인했다. 하지만 깃발은 처음에 걸어놓은 그대로 바람에 흔들리고 있었다. 작업이 끝나는 대로 김종희에게 보고하기로 했는데 몇 번을 확인해도 변함이 없었다.

서서히 불안이 밀려들었다. 문제가 생긴 것이 아닐까? 폭발하는 소리가 들리지는 않았으니 아직 희망은 있었다. 12시 20분이 지나자 사장실에서 기다리던 김종희에게서 전화가 걸려왔다.

"어떻게 됐어? 무슨 사고가 난 거 아니오? 이거 어디 피가 말라서 살겠나."

김종희의 말은 초화작업을 지켜보는 모든 사람의 마음을 대변하는 것 같았다.

시간은 흐르고 흘러 오후 1시를 넘기고도 30분이 더 지나 기술자들이 초화공실에 들어간 지 2시간 30분이 되었다. 초화공실에서는 기술자가 나올 기미도, 그렇다고 실패했다는 소식도 없었다. 신현기가 기다리다 못해 초화공실로 가보려고 할 때였다. 초화공실에서 기술자 세 사람이 나오고 있었다. 신현기 과장이 고함을 쳤다.

"뭐야? 왜 이렇게 오래 걸렸어?"

"작업을 시작하려고 하는데 손발이 마구 떨려서 반응로 속에 글리세린을 주입할 수가 있어야죠."

세 사람은 어려운 일을 무사히 해냈다는 안도감과 자부심에 얼굴이 상기되어 두서없이 떠들어댔다.

"처음엔 몸이 사시나무 떨듯 덜덜덜 떨려서 초화고 뭐고 내팽개치고 도망 나오려고 했어요."

"아, 정말 심장이 터져 죽는 줄 알았다니까요. 다행히 한 30분쯤 지나니까 조금씩 진정이 됐습니다. 시간이 이렇게 지난 줄도 몰랐어요."

"맞아요. 십년감수했습니다, 과장님."

"십년감수한 사람이 한둘인 줄 알아?"

신현기는 사무실로 들어오자마자 김종희부터 찾았다.

"사장님, 드디어 해냈습니다."

"오, 그래요? 니트로글리세린 합성이 제대로 된 겁니까?"

"네. 성공했습니다."

"다들 수고 많았어요. 수고 많았어. 정말 애썼어요! 모두 10년 감수했구먼. 내 오늘 노벨 박사 제자님들에게 저녁을 한 상 대접 하리다."

다이너마이트 국산화에 성공하다!

1957년 5월 29일 각 신문에 다이너마이트 국산화 성공 기사가 대서특필되었다.

다이너마이트 국산화 성공!!

한국화약은 오랜 각고의 연구 끝에 화약의 불모지에서 마침내 니트로글리세린 제조에 성공했다.

한국화약 국제 규모의 다이너마이트 생산

자체 기술력으로 다이너마이트를 생산한 이래 1957년 3월 한국화약은 다이너마이트를 생산하기 위한 모든 준비를 마치고 시험생산 체제에 들어갔다. 1957년 6월부터 본격적인 상업생산에 돌입하여 전국 화약 수요처에 국산 화약을 공급하기 시작했다.

이로써 그동안 해외 수입에 의존하던 화약산업에 획기적인 바람이 불어올 것이라 예상된다.

물론 니트로글리세린 제조에 성공했다고 해서 바로 다이너마이트를 만들 수 있는 것은 아니다. 이후에도 니트로글리세린을

서울경제신문에 게재된 故 김종희 회장

반죽하는 날화 작업, 반죽을 눌러 모양을 만드는 압신, 포장과 산 처리 등의 과정이 남아 있었지만 가장 큰 난관을 넘었으니 꿈에 한 발 더 다가간 것이었다.

1957년 10월에는 드디어 다이너마이트 생산에 성공하면서 김종희의 숙원이던 화약의 국산화를 이뤄 귀중한 외화를 절감할 수 있게 되었다. 첫 제품을 세상에 내놓으면서 김종희는 이렇게 소개했다.

"마침내 우리 한국화약이 국내 최초로 다이너마이트 생산에 성공했습니다! 이것이 바로 우리 한국화약에서 만든 '젤라틴 다이너마이트'입니다."

김종희의 발표에 국내 경제계와 언론이 모두 집중했다. 그중에는 한국화약이 하는 일을 대놓고 조롱했던 사람들도 있었다.

"이제 한국화약은 국내 광업은 물론 각종 산업에서 쓰일 다이너마이트와 폭약 등을 생산할 수 있습니다. 앞으로 나라 경제가 발전할수록 화약 수요도 많아질 테니 한국화약도 그에 발맞추어 사회에 공헌하겠습니다."

다이너마이트 생산에 성공했다는 소식에 한국화약의 주가는 날로 치솟았다.

이후에도 한국화약은 2차로 1956년 4월부터 1958년 2월까지, 3차로 1958년 5월부터 4년에 걸쳐 인천공장 복구 작업을 함으로

써 국제 규모의 생산 능력을 발휘할 수 있었다.

얼마 뒤, 정부에서는 그간 수입에 의존하던 일반산업용 화약 수입을 중단하기에 이르렀다. 이처럼 화약의 국산화는 1960년대 석회석, 무연탄, 보크사이트 등의 지하자원 개발과 박정희가 주관한 제1차 경제개발 5개년 계획을 성공적으로 이행한 요인으로 손꼽힌다.

김종희는 제조공정의 안전을 기원하고 임직원의 발전을 기도하기 위해 '성 디도 채플'을 세웠다. 채플은 사전적 의미로 보면 기독교 신자들의 친교와 예배를 위한 장소로 사용되는 건물이지만, 회사 내에 채플을 세움으로써 매사 기도할 수 있는 환경을 만들려고 노력한 것이다. 김종희의 세례명을 따서 지은 성 디도 채플은 지금도 옛 모습 그대로 한화기념관에 보존되어 있으며 2006년 5월 마지막으로 미사를 올렸다. 성당 안에는 임직원들의 안전을 위한 기도문이 남아 있다.

'다이너마이트 김'의 탄생

1959년 4월, 유엔군 사령관으로 맥그루더가 부임했다. 1963년 본국의 합참의장으로 전임된 4성 장군으로 한국에 있을 때 김종희와 각별한 인연을 맺은 사이였다. 박정희 의장은 백악관 만

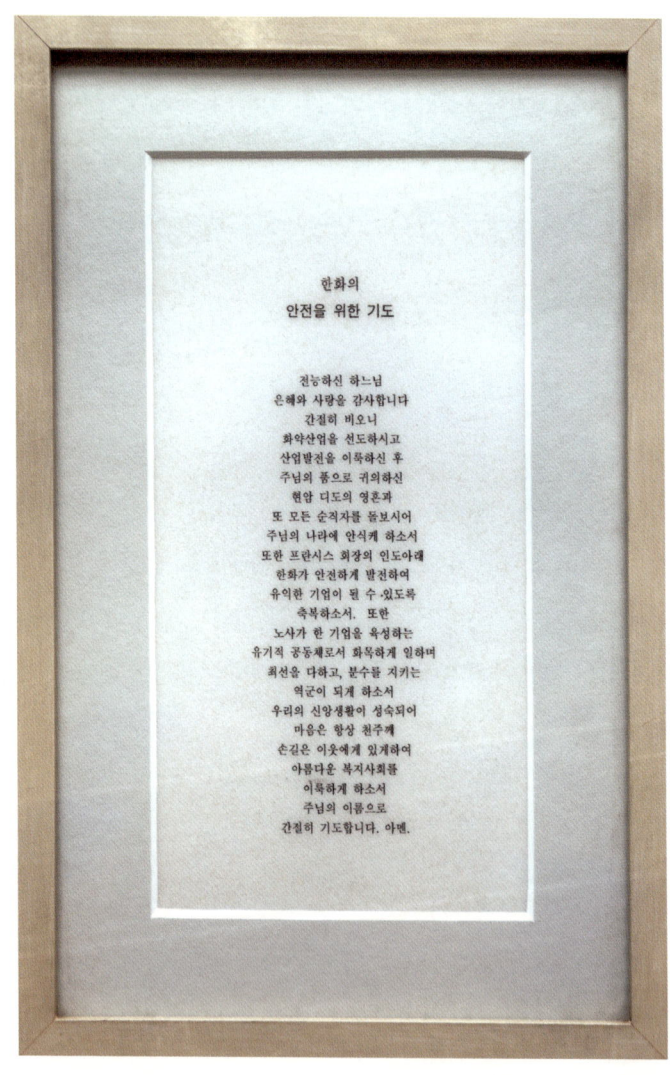

한화기념관에 보존되어 있는 임직원들의
안전을 위한 기도문

찬석상에서 맥그루더를 만났고, 그를 통해 '다이너마이트 김'의 존재를 알게 되었는데, 그가 칭한 '다이너마이트 김'이 바로 김종희였다. 김종희는 그때 박정희에게 얻은 신임으로 우리나라 건설산업에 지속적인 역할을 했다.

하지만 화약산업을 이익으로만 생각하는 사람들은 다른 시각을 지니고 있었다. 5·16군사정변 직후에 몇몇 사람이 박정희 의장에게 "한국화약은 독점이기 때문에 다이너마이트가 너무 비싸니 다이너마이트 수입을 허가하든지 화약 공장을 따로 세워야 한다"고 건의한 것이다.

김종희는 박 의장을 인천공장에 초청하여 공정을 일일이 설명하고 화약은 위험하기 때문에 화약 공장은 아무나 할 수 있을 만큼 쉽지 않다는 것을 설득했다.

"다이너마이트가 비싸 보일지는 모르지만 이는 비싼 원료 수입, 높은 전기료, 그리고 화약의 위험성 때문입니다. 그렇다고 외화도 별로 없는 형편에 달러를 갖다 주고 사는 것보다는 다소 비싸더라도 자급하는 것이 국가적으로 볼 때 이익이고 국내 노동력도 먹고살게 되지 않겠습니까?"

김종희는 자기 생각을 고사를 들어 비유했다.

"원효대사가 길을 가다가 동전을 연못에 빠뜨렸다. 그는 마을 사람들을 동원하여 못물을 다 퍼내고 동전을 찾았다. 돈 한 닢을 찾기 위해 원효가 마을 사람들에게 일을 시켰겠는가. 물을

제조공정의 안전을 기원하고 임직원의 발전을 기도하기 위해 세운 '성 디도 채플'. 김종희의 세례명을 따서 지은 성 디도 채플은 지금도 옛 모습 그대로 한화기념관에 보존되어 있다.

퍼낸 대가를 마을 사람들에게 골고루 나누어주려 함이 아니겠는가?"

설명을 들은 박정희 의장도 김종희 의견에 상당한 공감을 표시했다.

박정희가 대통령이 된 후, 1968년 2월 시작한 경부고속도로 건설공사에 한국화약은 차질 없이 화약을 공급할 수 있었다. 한국화약은 이외에도 산업용 화약과 방위산업, 기계항공사업을 축으로 국제적인 경쟁력을 확보하면서 발전을 거듭하게 되었다.

Part 05

나는
불꽃이다

나는
불꽃이다

한국화약의 발전

김종희가 계속해서 지키는 원칙 중에는 당장의 이익보다는 우리나라의 미래를 위해 반드시 있어야 하는 면에 가치를 두는 것이 있다. 이와 관련한 예화가 있다.

1960년 초, 신한베어링공업이 경영난으로 부도 위기에 처했다. 베어링은 회전 기능이 있는 모든 기계에 필수로 들어가야 하는 부품이었다. 그 소식을 들은 김종희의 선택은 확실했다.

"기계공업은 국가와 미래를 위해서 강화해야 하는 사업인데 누구라도 맡아서 살려야 하지 않겠나."

하지만 당시 국내 기계공업의 수준으로 볼 때는 적어도 10년은 적자를 감수해야 하고, 투자는 계속 늘려야 하는 사업이었다.

임원들의 반대가 심했지만 김종희는 '국가와 사회에 기여한다'는 창업 이념을 다시 한번 강조했다. 김종희는 1964년 신한베어링공업을 인수하여 한국베어링공업주식회사로 사명을 바꾸어 운영하게 되었다.

김종희의 정직성은 화약을 대하는 태도에 나타난다.

"화약은 진실하다. 화약은 반드시 폭발하기 때문이다. 화약은 정직한 장소에서 정직한 시간에 폭발하지 않으면 안 된다. 따라서 화약을 만드는 사람은 경영자부터 관리자, 기술자, 기능원까지 모두가 화약처럼 진실하고 정직해야만 한다. 따라서 화약 사업의 리더들은 폭발적 열정으로 인간성 중심의 리더십을 갖지 않으면 안 된다."

그는 늘 '화약에 담긴 진실성'을 강조했다. 자신은 물론 그가 이상적으로 생각하는 경영자상이 화약의 성질과 너무 닮았기 때문이다.

인천화약공장의 생산 시스템이 정상화되면서 한국화약은 화약 생산에 총력을 기울였다. 그가 평소에 직원들에게 강조하는 안전수칙은 귀에 못이 박힐 정도였다.

"화약은 99퍼센트가 아닌 100퍼센트 완벽한 것이어야 합니다. 화약은 1퍼센트의 불안전한 요소들로도 폭발할 수 있습니다. 그러니 우리 화약인들은 일을 처리하기 전에 첫 번째로 안전을 생각해야 합니다. 그러려면 일할 때 정확해야 하고 빈틈이 없어야 합니다."

 어떤 직원은 김종희의 안전수칙에 불만을 표하기도 했다. 그것이 노조결성과 연결되면서 노조원들끼리 싸움이 붙어 난관을 겪는 이유가 되기도 했다. 회사도 어려웠지만 정치적으로도 격변기라 1961년 5·16군사정변 때는 한국화약이 정치권력의 비호를 받아 화약 사업을 독점했다는 따가운 시선을 받기도 했다.

 "아니, 그거야 아무도 이 일을 맡겠다는 사람이 없었기 때문이잖아!"

 "그렇죠. 입찰할 때도 터무니없이 비싼 가격을 제시했지만 나라를 살리겠다는 마음으로 손해를 무릅쓴 것이 아닙니까?"

 김종희는 더 변명하지도 억울해하지도 않았다. 수시로 바뀌는 사회와 경제상황에 흔들리지 않고 언젠가는 진실이 통할 것이라는 믿음을 잃지 않았다.

 "한국화약은 정정당당하네. 우리는 누구보다 정직하게 일했으니 진심을 알아줄 날이 올 걸세. 너무 걱정하지 말고 각자 위치에서 자신의 일에 최선을 다해주게나."

 1961년 7월 14일에는 부정한 방법으로 이익을 취한 사람들을 법으로 다스리겠다는 부정축재처리법이 발표되었다. 국내 기업 중 부정축재 의혹을 받지 않은 곳이 거의 없었고 한국화약도 조사를 피해갈 수 없었다. 하지만 한국화약은 모든 조사에서 법조항에 위반되는 사항이 하나도 발견되지 않았다. 김종희는 독점

기업으로서 혹여 범할 수 있는 오류를 예방하고자 노력했다. 직원들에게도 늘 같은 말로 당부했다.

"우리 한국화약은 본의 아니게 화약 독점기업이 되었기 때문에 스스로 조심해야 합니다. 특히 가격 횡포, 수급 파동, 서비스 부재를 주의해야 합니다. 그러므로 이 세 가지 기본 원칙을 꼭 지킵시다. 첫째, 적정가격 유지, 둘째, 무제한 공급, 셋째, 철저한 서비스입니다."

가격을 매기는 부분은 더욱 조심했다. 국산 화약은 수입 화약보다 비싸서는 안 되고, 특히 일본 제품보다는 싸야 한다는 규정이었다.

부정축재처리법과 관련해 세무조사를 받은 반면 정부에서 기간산업으로 '볏짚 펄프공장 건설'을 제안해온 적이 있다. 펄프는 주로 목재에서 뽑아낸 물질로 종이나 인조섬유를 만드는 데 쓰이는 원료다. 그 펄프를 볏짚에서 뽑아보라는 것이었다. 회사 내부에서도 원료의 한계와 가공, 운반비용까지 사업성과 장래성이 없다는 이유로 반대가 심했다. 김종희는 깊은 고민에 빠졌다. 아무래도 이 사업은 무리라는 판단이 들었고, 사실 그대로 보고했다.

그가 박정희에게 펄프사업을 포기해야겠다는 의사를 밝힌 다음 날이었다. 감찰원에서 화약 원가계산서를 제출하라는 통보가 왔다. 아주 작은 꼬투리라도 잡아 회사에 타격을 주겠다는 의도였다. 이에 굴할 수는 없었다. 묵묵히 조사를 받기로 했다. 회계부장은 이미 선진화된 원가계산 양식을 구해 공정별로 철저하게 거래 내역을 관리했기 때문에 자신만만한 모습이었다.

하지만 조사받는 과정이 만만치만은 않았다. 정부에서 파견된 전문조사단이 며칠에 걸쳐 원가계산서를 검토했는데, 한국화약의 회계처리가 완벽하다는 결과가 나왔다. 이를 검증하고자 산업은행과 대학교, 대학원, 마지막으로 한국생산성본부까지 자료가 넘겨졌지만 역시 문제점을 찾지 못했다. 이 일로 한국화약 제품 가격이 외국과 비교해서 단연 싸고, 품질이 좋다는 것만 입증되었다. 위기가 기회가 된 셈이다.

김종희는 일련의 일을 겪으면서 사업에서는 어떤 경우에도 완전과 안전은 없다는 사실을 절감했다. 기업 사정이 나아져서 미8군에 화약을 납품하고 경부고속도로 등 국토개발 사업으로 공급량이 늘었을 때도 그는 긴장을 늦추지 않았다. 직원이 성급하게 낙천적인 보고를 할 때도 그의 생각은 달랐다.

"기업이란 절대 현실에 안주해서는 안 돼. 그 자리가 좋다고 눌러앉았다가는 소리 소문 없이 사라지는 거야. 우리도 이제 다른 걸 준비해야지."

김종희는 한국화약이 번창할수록 그 한계를 내다봤고, 사업을 다양화할 방법을 고민했다. 사업 초기에는 송충이는 솔잎을 먹어야 한다는 마음으로 화약에만 온 힘을 다했지만, 어느 정도

수준에 오른 이상 더 멀리 내다볼 수 있어야 했다. 그가 생각한 것은 이산화티탄, 피브이시(PVC), 합성의약이나 농약제품, 도료, 염료 등의 사업이었다. 김종희는 해방 이후 일본을 드나들며 일본 기업의 임원들과 지속적으로 교류했다. 일본의 사업 진출과 변화가 하나의 모델이 된 것이다.

사업 확장과 한국화약의 인재상

김종희는 우리나라 경제개발에 맞추어 시대가 요구하는 사업을 전개하면서 화약, 기계, 석유화학, 무역, 건설, 금융, 서비스 등으로 영역을 확장해 오늘날 한화그룹의 기반을 다졌다. 그 결과 김종희는 어느 순간에도 '나라사랑'의 정신을 기업 활동에 접목하며 한평생 '사업보국事業報國'의 신념을 견지한 대표 기업인으로서 한국 경제사에 큰 발자취를 남겼다는 평가를 받고 있다.

오직 한길 화약장이로 살아가겠다던 김종희가 다른 영역으로 사업을 확장하게 된 계기가 있다. 그중 하나가 식품업인 아이스크림 사업이다.

1973년 어느 날 농림부장관 김보현에게서 전화가 왔다. 김종희는 김보현 장관을 만났고 도농리에 있는 아이스크림 공장을 맡아달라는 부탁을 받았다. 당시 정부에서는 낙농정책을 적극적으로 펴고 있었다. 하지만 워낙 가난한 살림이다 보니 국민들의 생활 형편이 우유를 마실 만큼 되지 않았고, 소비되지 않은 우유는 우유대로 버려지는 형편이었다.

게다가 미군에 아이스크림을 납품하던 대일유업이 아이스크림 공장을 짓다가 미군이 월남에서 철수하는 바람에 부도가 났다. 김보현 장관이 김종희를 부른 이유는 그 공장을 인수해서 아이스크림 사업을 해달라는 부탁을 하려는 것이었다. 경기도 남양주에 있는 공장만 가동되면 젖소 4,000마리에서 나오는 생우유를 처리할 수 있다고 했다. 그 양은 영세농가 1,000호가 생산하는 양이었고 그들의 생명줄을 잡아주는 것이었다. 식품은커녕 소비재 생산도 하지 않겠다던 김종희도 농촌의 딱한 사정에 마음이 흔들렸다.

김종희는 결국 주식 50퍼센트를 인수하고 대일유업의 아이스크림 공장을 떠맡았다. 1976년 6월 퍼모스트사와 기술 제휴를 했고, 그 기간이 끝나고는 '빙그레'라는 상표로 출시한 아이스크림이 폭발적인 인기를 얻으면서 제2공장까지 짓게 되었다. 안창호 선생의 사상을 반영한 기업으로 잘 알려진 빙그레는 2011년 '빙그레공익재단'을 설립했으며 2018년부터 독립유공자 후손에게 장학금을 지원하는 일을 하고 있다.

두 번째는 호텔 사업 진출이다.

1970년대 서울 시내에 조선호텔 외에는 국제적인 규모의 숙박

시설이 없었다. 그러다보니 외국에서 귀빈들이 국내에 와서 묵을 때마다 불편함을 호소하는 일이 잦았다. 호텔이 워낙 부족해서 숙소를 잡기도 어려울 뿐만 아니라 내부 시설도 덩치가 큰 외국인에게 침대가 작아서 새우잠을 자야 하는 등 불만이 많았다.

호텔 사업을 권유한 이는 서울시장 양택식이다. 1970년대 중반 한국화약그룹은 성장가도를 달렸다. 회사에서는 서울 본사 건물이 있는 곳에 사무용 빌딩을 지을 목적으로 주변의 땅을 확보하고 있었다. 하지만 건물을 지으려는 자리는 재개발계획에 묶여 있어 건물을 지을 수 없다는 통보를 받았다. 서울시 계획에 따르면 한국화약그룹이 확보한 자리에 대형 관광호텔을 건설하도록 되어 있다고 했다.

김종희는 어쩌다 아이스크림 장사는 하게 됐지만 밥장사까지는 안 한다는 생각으로 땅을 팔기로 결심했다. 하지만 서울시의 변화가 중에도 변화가였기 때문에 땅값이 비싸서 감히 사겠다는 사람이 나서질 않았다. 김종희를 만난 양택식 시장은 간절하게 설득했다.

"지금 우리나라에서 관광사업을 하는 사람 중 그 자리에 호텔을 지을 만큼 능력 있는 사람이 누가 있습니까? 김 회장님께서 서울에 새 얼굴을 하나 만든다는 생각으로 제대로 된 호텔을 하나 지어주십시오. 지금 그 자리는 김포공항에 내린 외국 손님들이 서소문 방향에서 시청 쪽으로 들어오면 바로 마주 보이는 곳

1976년 10월 1일 서울프라자호텔개관후전경

아닙니까? 김 회장님, 나라를 위해 일한다고 생각하시고 다시 한번 고려해주십시오."

사무실로 돌아온 김종희는 심사숙고 끝에 호텔을 짓기로 결

서울프라자호텔 개관 관련 신문기사

심했다. 그 후 얼마 지나지 않은 1973년 12월 7일, 서울프라자호텔 기공식이 열렸다. 150억 원을 투자하여 건설한 국내 제일의 최고급 호텔이었다. 1976년 10월, 약 3년에 걸친 공사가 끝나고 서울프라자호텔이 완공되었다.

아이스크림 사업과 호텔 사업 등 회사 규모의 확장과 상관없이 김종희의 의지는 초지일관이었다.

여러분 가슴속에 뚜렷이 새겨져 있는 '국가 사회에의 기여'는 우리가 일관해온 긍지로운 발자취이며 변할 수 없는 진로입니다.
- 1980년 10월 창립 28주년 기념식에서

이는 김종희가 원하는 인재상과 맞닿아 있는 이야기이기도 했다. 김종희는 다음과 같은 사람을 원했다.

- "네!" 대답하고 바로 실천하는 사람
- 누가 시키지 않아도 스스로 하는 사람
- 뒤에서 보고 있지 않아도 알아서 잘하는 사람
- 눈앞에 이익이 없어도 노력하는 사람
- 성과를 생각하면서 열심히 일하는 사람
- 옳은 일이라면 강력히 주장하는 사람

인간 김종희를 말하다

평생 진실하고 정직한 삶을 살았던 인간 김종희. 그의 삶을 정리하면 다음과 같다.

1. 따뜻한 사람

김종희는 일제 식민치하의 가난한 농촌에서 태어나 나라 없는 설움을 뼈저리게 느끼며 자랐다. 그는 사람답게 살기 위해서는 학문을 쌓아야 한다는 일념으로 학업에 매진하여 경기도립상업학교에 진학했다. 그는 사업가로 성장한 후에도 어린 시절의 어려움을 잊지 않았고 어려운 이웃을 보면 물심양면으로 도우려고 애썼다. 하지만 그에게도 원칙이 있었는데 어떤 선행을 해도 남에게 드러나지 않도록 조심한다는 것이었다. '오른손이 하는 일을 왼손이 모르게 하라'는 말씀이 기준이 되었기 때문이다. 그것이 하느님은 물론 사람들에게도 이로운 일이라고 여겼다. 무엇보다 인간으로서 우쭐해지고 싶은 자신을 겸손하게 하는 일이라고 생각했다.

한국화약을 설립하고 한창 사업을 벌일 때도 이웃과 결실을 나누고 주변을 돌보는 것을 잊지 않았다. 이와 관련된 예로 고향 친구를 대하는 그의 태도를 볼 수 있다.

사무실 이사로 어수선하던 때 고향 친구가 김종희를 찾아왔다. 김종희는 목장갑을 벗고 악수로 그를 반갑게 맞았다. 김종희는 워낙 소탈해서 평소에도 친구와 직원들을 스스럼없이 대하곤 했다. 김종희를 찾아온 이는 부대리에서 이장을 맡고 있는 송태식이라는 친구였다.

"잘 있었어? 나, 김 회장 만나러 왔네."

"야, 이게 누구야? 노엘 아냐? 근데 김 회장은 무슨 김 회장이냐. 나는 옛날이나 지금이나 디도일 뿐이야. 그나저나 우리 사무실이 이사를 가는데, 그전에 잘 왔다. 우리가 이사 간 뒤 왔으면 촌놈이 고생했을 거 아냐?"

"허허허. 거 참…. 근디 내가 한 가지 부탁할 것이 있는디…."

"뭘 그렇게 뜸을 들이냐? 얼른 말해봐."

사실 송태식은 마을 발전 기금을 마련하느라 고심하다가 김종희를 어렵게 찾아온 것이었다. 가난한 동네의 이장을 맡고 있으니 힘든 일이 한두 가지가 아닐 것이라고 김종희도 짐작하고 있었다.

"다른 마을은 마을회관을 짓는다, 경로당을 세운다, 다들 새마을운동을 하느라 바쁜데 우리는 그럴 형편이 전혀 안 되니…."

"알았어. 무슨 말을 그리 어렵게 해? 마을을 발전시키겠다는데 당연히 도와야지! 필요한 금액을 말해. 내일 당장 직원을 통해 내려 보낼게. 그런데 한 가지만 약속해줄 수 있나?"

'약속'이라는 말에 송태식의 얼굴에 긴장감이 떠올랐다. 다른 사람들을 보면 아주 작은 회사를 하고도 머릿돌에 이름을 새겨 달라거나 자기 호를 따서 건물에 이름을 붙이라거나 했다. 혹 김종희가 그런 부탁을 해온다면 당연히 들어줄 생각이었다.

"뭘?"

"마을 사람들한테는 내가 돈을 냈다는 말을 하지 않았으면 해. 알았지?"

송태식의 얼굴에 환한 미소가 번졌다.

'그럼 그렇지. 디도는 역시 달라. 하나도 변한 게 없다. 멋진 친구야.'

김종희의 뜻을 이해한 송태식은 그길로 마을로 내려가 마을 발전에 힘을 쏟았다.

어느 해에는 뉴스에서 중부지방에 집중호우가 쏟아져 농가가 피해를 보았다고 보도했다. 전국적으로 비피해가 있었지만 그중 자신의 고향인 천안 군내의 네 개 면面이 수해를 심하게 당했다는 것이다. 뉴스 말미에는 수해 복구 성금을 낸 사람들의 이름과 금액이 나왔다. 김종희는 조용히 직원을 불렀다.

"지금 수해로 나라가 어려우니 가서 재해 복구비를 전달하고 오게나."

"회장님 성함으로 할까요, 회사 이름으로 할까요?"

"어허 무슨 이름을! 절대로 이름을 밝히지 말고 전달하게."

지시를 받은 직원은 고개를 갸웃거리며 사무실을 나갔다. 다음 날 뉴스와 신문에 이름을 밝히지 않은 한 사람이 거액의 재해 복구 배용을 지원했다는 기사가 나왔다.

김종희가 고향에 공장 터를 마련하기 위하여 사들인 땅에서 나는 쌀 600가마니를 해마다 빈민들에게 나눠준 일도 있다. 하지만 정작 그 쌀을 받은 사람들은 정부에서 나눠주는 구호품인 줄로만 알았다.

1960년에는 형 김종철이 천안고등학교 재단 이사장으로 취임할 때 '백암장학회'를 설립하고 학생들에게 장학금을 지원했다. 김종철이 국회의원 후보로 나섰을 때 그를 돕던 김종희가 장학재단을 설립하겠다는 공약을 세우자고 건의한 것이다. 김종희는 그 약속을 지켜 1968년 김종철이 국회의원에 당선되고 난 뒤 장학재단을 설립했다. 이후 학생들에게 지급되는 장학금 규모는 더욱 커졌다. 이때도 장학사업의 재원과 실적을 공개하지 않은 이유는 사람들에게서 이런저런 말이 나올 테고, 결과적으로 아름다운 나눔이 될 수 없다는 판단에서였다.

이렇듯 김종희는 사업을 통해 얻은 이익을 나누고 베푸는 데 인색하지 않았다. 내세울 만한 선행임에도 굳이 감추려 한 것도 그의 성숙함을 보여주는 예라고 할 수 있다.

2. 직원들을 가족처럼 여긴 후덕한 성품

김종희는 직원들과 한 가족처럼 허물없이 지내기로 유명했다.

직원들에 대한 기억력도 대단해 창업 초기 직원 수가 그리 많지 않았을 때는 지나가는 말로 들었던 개개인의 고충을 하나하나 기억해 조언을 아끼지 않기도 했다. 한화 인천공장 생산1부에 근무했던 서병국 이야기는 김종희의 인품을 여실히 보여주는 한 사례다.

"김종희 회장님의 성품을 모르고는 한화를 말할 수 없습니다. 기업이란 바로 창업자의 분신이 아니겠습니까? 옛말에도 멀리서 볼 때에는 엄한 듯하지만 막상 가까이서 접하면 따뜻한 사람이 있다고 했는데, 김종희 회장님이 바로 그런 분이셨습니다. 그래서 인천공장 식구들은 늘 한 가족처럼 뜻과 마음이 일치되었으며, 이 같은 화목은 위험한 폭약을 다루는 작업장에서 안전을 유지하는 데 절대적인 힘이 되었습니다."

훗날 '사업보국'의 신념으로 사업을 전개해온 데는 이 같은 강한 민족애와 나라 사랑의 정신이 있었다.

김종희는 또한 사람을 소중히 여겼다. 한번 자기 사람으로 들어온 이는 내치지 않았다. 상대방이 먼저 마다하지 않는 한 끝까지 같이 가겠다는 주의였다.

"사람은 함부로 써서도 안 되지만 함부로 버리는 건 더욱 안 돼. 사람 귀한 줄 알아야지."

이처럼 사람을 아꼈던 그의 인재 중심 경영이 한국화약을 성장시키는 탄탄한 바탕이 되었을 것이다. 한국화약이 직원에게 좋은 대우를 해준다는 것은 노동조합원들조차 인정한 사실이다. 직원들의 요구가 있기 전에 회사에서 앞장서 직원들의 생활과 복지를 배려한 덕분이다. 김종희는 평소 다소 위험한 직종인 화약회사에서 일하는 직원들에게 고마움을 표하곤 했다. 생산 현장에 갈 때면 직원들과 함께 식사하며 어려운 점은 없는지 물어보는 등 직접 격려했다. 김종희의 이런 품성 덕분에 한국화약을 평생직장으로 알고 일한 사람들이 많았다.

하지만 직원들이 큰 실수를 하면 어느 때보다 무섭게 질책했다. 알고도 실수한 것이 아니면 눈감아주기도 했으나 그렇지 않을 때는 눈물이 쑥 빠지도록 혼을 냈다. 하지만 그다음에는 언제 그랬냐는 듯 다시 직원들에게 친근하게 다가섰다.

"이봐. 우리 어디 가서 설렁탕이나 한 그릇 먹지."

직원도 잘못을 깨달은 터라 고마운 마음으로 그를 따라 나섰고, 더욱 친밀해진 관계 속에서 어떻게 일해야 하는지 마음을 다잡곤 했다. 이럴 수 있었던 이유는 김종희가 직원을 대하는 원칙과 태도에 있었다. 그는 아무리 크게 꾸중하더라도 인격을 무시하거나 함부로 평가하는 말을 하지 않았다. 사람과 사람이 저지른 잘못을 확실히 구분하여 질책하는 것은 그때나 지금이나 쉽지 않은 일이다.

김종희는 자신을 위해 뭔가 기념하는 것을 매우 꺼려서 45세가 될 때까지 따로 생일잔치를 한 적이 없을 정도다. 자의반타의

반 생일잔치를 한 적이 딱 한 번 있기는 하다. 가회동으로 이사한 지 한참 지났을 때라 집들이를 겸한 것이기도 했다. 하지만 김종희는 다른 생각을 했는데 직원들을 위로하고자 하는 의도가 있었다.

당시 한국화약그룹은 제2정유공장 공모에 나섰는데, 유리할 것이라는 예상과 달리 다른 외국 정유회사에 밀려 실패했다는 소식을 김종희는 미리 알고 있었다. 그는 한껏 기대감에 부풀어 있는 직원들에게 어떻게 말을 꺼내야 할지 고민스러웠다. 김종희는 본인이 가장 실망스러웠을 테지만 직원을 더 걱정했다. 이 때문에 생전 안 하던 생일잔치를 한다며 직원들을 집으로 부른 것이다. 김종희는 그 자리에서 직원들에게 결과를 얘기하고 사업에 선정되지는 않았지만 얼마나 수고하고 애썼는지 안다며 노고를 인정해주었다. 그 덕분에 직원들은 다시 한번 회사에 대한 충성심과 결의를 다질 수 있었다.

3. 투철한 절약정신

김종희는 자신에게는 지나칠 정도로 엄격하고 검소했다. 자신이 겸손하고자 해도 외부에서 들려오는 찬사에 귀 기울이거나 이만하면 됐다고 자만하게 될까봐 항상 조심하고 삼가는 것이 습관이 되어 있었다. 일반적으로 국내 굴지의 기업 회장 자리에 앉으면 본인이 원하지 않더라도 주변 분위기에 따라 자신도 모르는 사이에 교만해지고 화려한 것들에 눈을 돌리기 십상이다.

1970년대 경제가 괄목할 만하게 발전하면서 대중적인 소비와 함께 한쪽에서는 명품을 구매하고 과시하는 분위기가 팽배해 있었다. 하지만 김종희는 양복 몇 벌에 와이셔츠 몇 장, 넥타이 몇 개면 충분하다고 했다. 그가 자주 쓰는 '탐욕은 끝이 없고 탐욕을 버리지 않으면 개인은 황폐해진다'는 말이 있다. 사람이 겉모습에 치중하게 되면 욕심이 생기고 그러다보면 자신이 좇고자 했던 꿈이 아니라 다른 것에 매이기 마련이라고 했다. 그는 이 부분을 잘 알고 있었으며 평소에도 일부러 소탈한 차림으로 다니려고 했다.

김종희가 이처럼 절약과 겸손을 염두에 두고 실천한 이유는 직원들에게 모범을 보여야 한다는 마음 때문이었다. 하지만 누구에게 보이기 위한 것이 아님은 일상생활에서도 그가 실천하고자 하는 것이 자연스럽게 배어 나왔기 때문이다.

이는 농촌에서 가난하게 성장하여 근검과 절약이 몸에 뱄기 때문에 가능한 것이기도 했다. 그는 메모지를 아끼기 위해 신문지 가장자리 여백을 메모지로 활용했고, 물기 있는 곳에 비누를 놓으면 빨리 닳아 없어진다며 마른 곳으로 옮겨놓았다. 집에서든 회사에서든 누군가 화장실을 쓰고 불을 켜둔 채 나가기라도 하면 바로 끄기도 했다.

언젠가 한번은 출근길에 그가 신은 양말에 구멍이 난 걸 발견

한 아내 강태영이 "아이고, 얼른 양말 갈아 신고 나가세요."라고 한 적이 있다. 하지만 김종희는 "구두 신으면 안 보이는 걸 뭘 갈아 신나?" 하고 그대로 나갔다.

김종희의 절약 정신은 단순히 아끼는 것을 넘어 물자가 귀한 우리나라에서 당연히 해야 할 일이라는 생각이 몸에 밴 것이었다. 작은 일일 수 있지만 그의 검소한 행동과 실용성을 중심으로 실천하는 태도가 주변에 선한 영향을 미쳤음은 물론이다.

김종희는 이른바 '있는 체'를 하지 않는 사람이었다. 사업은 개인의 능력으로만 되는 것이 아님을 누구보다 잘 알았기에 남들이 부러워할 만큼 승승장구할 때도 항상 낮은 곳에 겸손한 자세로 있었다.

4. 편법을 쓰지 않고 합법적으로

세계경제가 침체되면서 기업마다 불황의 늪을 헤맬 때가 있었다. 그때도 김종희는 누구를 탓하거나 직원들에게 짜증을 내지 않았다. 최선을 다하되 순리를 기다리는 것이 그의 성품이자 중요한 원칙이었다. 또한 아무리 목적이 있더라도 법과 규칙을 어기고 편법을 동원해 일을 처리하려는 것을 용납하지 않았다.

한번은 건설업계 진출을 목표로 준비한 적이 있다. 이를 위해서는 면허를 취득해야 했는데 당시 사정으로는 여의치 않았다. 직원이 그 상황을 보고하자 김종희가 말했다.

"그래, 알고 있네. 그럼 다른 회사를 인수하는 방법은 어떤지 알아보지."

"사장님, 뭘 그리 고민하세요? 사장님께서는 정치권의 높은 분들을 많이 알지 않습니까? 그분들한테 넌지시 한마디만 하면 해결될 텐데."

김종희는 기가 막힌다는 듯 직원을 바라보았다.

"예끼! 이 사람아. 그 사람들하고 친하게 지내는 것하고 건설 면허가 무슨 상관이야? 정치하는 사람들과 이렇게 저렇게 엮여서 친분을 유지한 적은 있어도 회사 유익을 보자고 따로 부탁한 적은 한 번도 없네. 내가 부탁하는 순간 정경유착이 되는 거야. 우리가 누군가? 화약인이지 않나? 화약인은 정직함을 신조로 일해야 하는데 편법을 쓰면 되겠어?"

김종희는 회사뿐만 아니라 다양한 분야의 사람들과도 친분이 있어 어떤 경영자보다 인맥이 두터웠다. 이후에도 직원들 중에는 고위 간부급 인사들을 통해 회사에 유리한 정보가 있을 때 은근히 혜택을 원하는 경우가 있었다. 하지만 김종희는 그 부분에서는 언제나 단호했다.

"내가 그들과 좋은 관계를 맺을 수 있었던 것은 그동안 우리가 합법적으로 교류했기 때문입니다. 괜히 어려운 부탁을 하거나 떼를 쓴다면 그 순간부터 좋은 인맥은 되레 독이 됩니다."

화약산업은 갖춰진 틀에 따라 움직여야 했으니 매사 정직과

정확한 일처리가 당연한 것이었다. 하지만 유통업과 무역업 등 다른 제조업은 화약산업에 비추어볼 때 상대적으로 그렇지 않았다. 유사업종과 경쟁해야 했기 때문에 어느 정도 융통성도 필요했고 편법을 동원해서라도 유리한 자리를 확보하는 분위기였다.

당시 상황을 보면 경제개발계획이 추진되면서 농촌의 인력이 도시로 몰려들었고 10여 년 이상 경공업 최우선 정책이 활성화되었다. 1970년대 후반에는 중화학공업 육성에 집중하며 철강과 자동차 등 중형 소비재로 품목이 바뀌었다. 이처럼 공장과 도시 산업이 급속히 발전하면서 경제적 수익과 발전을 위해 무리를 해서라도 도전하고 성공하는 것이 지상 최대 과제가 되었다. 이 과정에서 우리나라는 정경유착과 기생관광이라는 오명도 얻었고, 무리한 투자로 회사가 도산하거나 세금 포탈로 걸려들기도 했다. 노사 갈등도 심화되었다. 기업경영에 깨끗함이라든가 원칙, 정직이라는 말이 어울리지 않던 때였다. 오히려 '유도리'라는 일본어로 불법을 통해서라도 이익을 챙기는 것이 중요하다는 인식이 팽배한 시기였다.

하지만 김종희는 사회 분위기와 상관없이 회사의 원칙을 분명히 세웠다.

"지금 당장은 손해 볼 수도 있지만, 정직의 끝에는 분명 좋은 결과물이 있습니다. 그러니 우리 회사는 편법을 쓰지 말고 정직하고 투명하게 일합시다."

이 같은 원칙과 경영 철학을 고수했기에 이후 회사 재정을 공개했을 때도 별 탈 없이 지나갈 수 있었고, 국민들에게 신뢰를 얻을 수 있었다.

김종희가 59세의 나이로 눈을 감았을 때 조문객들 중에는 외국인도 상당수 있었다. 그들은 하나 같이 김종희의 죽음을 몹시 애통해했다. 주한 미국대사를 지낸 리처드 워커는 그를 떠나보내는 자리에서 이런 말을 했다.

"몇 년 동안 한국에 머물면서 나는 인간관계를 강조하며 소중히 여기는 한국인들의 사고방식에 감탄을 금할 수 없었다. 김종희 회장과는 1960년대 말에 인연을 맺었다. 그는 한미 관계를 초지일관 긴밀하고도 우호적으로 유지하고 발전시키고자 몸을 아끼지 않았다. 그 점에서 우리는 마음속으로 통했다고 생각한다. 우리는 한국의 미풍양속에 따라 서로 형님, 동생이라 불렀고 우정도 깊었다. 지금도 그가 나를 매료시킨 점들이 생각난다. 뛰어난 자제력과 통솔력, 자신감이 바로 그것이다. 나는 종종 그에게 이런 말을 하곤 했다. '이봐요, 다이너마이트 김, 당신 몸에는 전기가 흐르는 것 같습니다. 문 쪽으로 등을 돌리고 앉아 있어도 당신이 들어오면 나는 직감적으로 당신인지 알 수 있어요'라고 말이다. 그는 자신의 분야에서 언제나 활기가 넘치는 다이내믹한 사나이였고, 비범하게 미래를 내다볼 줄 아는 안목 있는 사업가였다. 그가… 그립다."

그의 고백을 통해 김종희가 지켜온 일견 고지식해보였던 태도가 감동을 주었고 민간 외교관이라는 별칭을 얻을 만큼 가치 있는 성과로 이어졌음을 알 수 있었다.

5. 남편의 뜻을 이은 아내 강태영

김종희가 1960년대와 1970년대에 걸쳐 각국 유력인사들과 직접 교류하며 민간 외교관 역할을 하게 된 데는 아내 강태영의 공도 컸다. 1971년 미국 멜빈 레어드 국방장관이 방한했을 때 강태영은 자택에서 정성껏 손님을 맞이했고, 국방장관 부인 바바라가 전형적인 한국의 정을 느낄 수 있었다며 기뻐했다는 일화가 당시 신문지상에 소개되기도 했다.

김종희가 세상을 떠난 뒤 강태영은 남편의 뜻을 살리기 위한 추모사업에 몰두했다. 그 일환으로 1983년 2월, 경기도 강화군 길상면에 '성 디도 성전'을 축성 봉헌했다. 또한 강태영은 남편이 눈을 감은 뒤에는 제대로 된 생일잔치를 벌인 적이 없다. 큰아들 김승연은 한 언론사와 인터뷰에서 "2003년 어머니가 희수 喜壽를 맞을 때 온 가족이 뜻을 모아 잔치를 해드리려고 한 적이 있다. 그러나 '너희 아버지가 돌아가신 이후 나는 내 생일잔치를 하지 않기로 했다'는 모친의 뜻을 꺾지 못했다"는 일화를 밝히기도 했다.

강태영은 아들 김승연에게 삶의 스승이자 존경의 대상이었다. 김종희 사후 김승연이 그룹 경영을 승계하자 젊은 CEO에 대한 불안감을 내비치는 우려 섞인 시선이 있었다. 그러나 강태영은 경영에는 일절 관여하지 않고 김승연을 믿고 의지했다.

강태영의 바람처럼 김승연의 한화그룹은 제2의 창업을 실현했고 국내 10대그룹, 「포춘」 선정 글로벌 기업 277위로 성장했다. 강태영은 김승연에게 어린 나이에 회사 일을 맡긴 것을 안타까워하면서도 "사업능력과 추진력은 아버지보다 더 뛰어난 것 같다"며 자신감을 불어넣어 주기도 했다. 이와 더불어 대한성공회, 성가수도회에서 추진하는 사회사업에도 아낌없는 사랑과 도움을 주었다. 의지할 곳 없는 노인과 장애인을 위해 '성 안나의 집'과 '성 보나의 집'을 후원했으며, 수도회 채플을 축성해 봉헌함으로써 기쁨과 평화를 누릴 수 있도록 평온한 안식처를 마련해주었다.

강태영은 문화와 예술인에 대한 열정도 남달랐다. 강태영은 각별한 애정과 관심을 갖고 우리나라 고전과 근현대 문학자료를 수집했다. 그 자료를 자신의 아호를 따서 2005년 만든 재단법인 아단문고雅丹文庫를 통해 학계에 연구자료로 제공했다. 자료는 이인직의 『혈의 누』, 박목월·조지훈·박두진의 『청록집』, 나운규의 『아리랑』, 문예지 「소년」과 「창조」, 주시경의 『조선어문법』 등 희귀본 외에 국보 3점, 보물 28점 등 총 8만 9,150종에 이른다.

아단문고는 자료수집과 정리 차원을 넘어 개화기에서 해방공간까지 발행된 잡지, 해외 유학생 잡지, 여성잡지 등 미공개 자료를 모아 공공기관과 학술 연구단체에 기증함으로써 한국학 연구 발전에 기여해오고 있다.

6. 원칙을 중요시하며

김종희는 규칙적이고 깨끗한 생활을 신조로 삼았고, 형식보다 진실을 좋아하여 지나친 꾸밈을 싫어했으며 생활 자체가 지극히 소박했다. 우람한 체구로 스포츠형 머리에 청색 옷을 즐겨 입었으며 깍두기와 육개장을 즐기는 소탈한 성품이었다.

또한 집에 선물을 들고 오는 것을 싫어하여 대부분 도로 돌려보냈지만 여동생이 잠옷을 선물하자 매우 기뻐했고, 생일에 딸이 선물한 묵주를 늘 주머니에 지니고 다니며 사람들에게 자랑하기도 했다. 김종희에게는 정성과 성의가 담긴 선물이면 작은 물건이라도 소중했던 것이다.

회사 업무 처리에서도 그의 원칙은 확실했다. 한국화약은 취업 준비생에게 인기가 많은 직장이었다. 다른 어떤 기업보다 변화하는 미래에 발 빠르게 대응하던 터라 회사의 장래에 희망을 둘 수 있었기 때문이다. 매해 공채로 직원을 채용할 때마다 경쟁률이 엄청났다. 첫 공채시험은 특히 어려웠다. 김종희도 직원 공채에 많은 관심을 기울였다. 아는 사람이 지원했을 때도 그의 원칙은 뚜렷했다.

"내가 아는 사람의 자녀가 이번 시험에 응시했다고 하던데… 혹시 그 사람도 합격자 명단에 있나요?"

김종희가 묻자 인사담당자가 자료를 뒤적거렸다.

"아, 이 사람요? 능력은 괜찮은데 점수가 2점 모자라 합격자에서 제외됐습니다. 특별히 사장님께서 부탁받으셨다니 이 사람도 1차 합격자로 통보할까요?"

"아닙니다. 원칙을 깰 수야 없죠. 그 사람은 밥이나 함께 먹으면서 양해를 구하면 됩니다."

이처럼 김종희는 아무리 친한 사람의 부탁이라 해도 그것으로 회사 일을 결정하지는 않았다. 특히 직원을 뽑을 때 그가 반드시 지킨 한 가지 원칙이 있다. 학연과 지연, 혈연은 철저히 배제한다는 것이었다. 철저하게 능력 중심으로 직원을 뽑았고, 입사 후 제 역할을 하도록 훈련하는 과정을 매우 중요시했다.

7. 어린이와 가족에 대한 사랑

김종희는 가족에 대한 정이 매우 두터웠으나 아기자기하게 말로 표현하지는 않았다. 그 대신 손을 꼭 잡아주며 따뜻한 정을 전하는 다정다감한 성품이었다. 퇴근 후 집에 들어가면 어머니가 계시는 방을 들여다보고 혹여 불편한 것은 없는지 이부자리를 살폈다. 아이들이 자고 있는 방에도 들어가 꼭 얼굴을 한 번씩 쓰다듬어주곤 했다. 길에서도 아이들을 만나면 그냥 지나치는 법 없이 머리를 쓰다듬거나 어깨를 툭 치며 "밥 많이 먹었어?" 등의 말을 빠뜨리지 않았다.

8. 말보다는 실천으로

김종희가 "이렇게 하라", "저렇게 하라"는 등 구체적으로 간섭한 적은 드물었다. 매사를 자세히 설명하는 유형이 아니어서 지나가는 말로 의미 깊게 한마디씩 던지는 것이 고작이었다. 본인이 말이 많지 않고 생색내는 것을 싫어한 편이라 대부분 실천으로 모범을 보여주었다. 또한 마음속에 꿍꿍이셈이나 계산속이 없어 함께 생활하다 보면 김종희가 무엇을 원하는지를 금방 알 수 있었다.

9. '돈'에 관한 철학

"돈은 우리가 어떤 목적을 달성하는 수단이지 돈 버는 것 자체가 목적이 되어서는 안 됩니다."

이 말은 1945년 화약공판으로 시작해서 국내 굴지의 대기업으로 성장하기까지 그가 놓치지 않고 실행한 돈에 대한 철학이다.

김종희는 우연히 폴 빌라드의 『이해의 선물』이라는 소설을 읽고 돈이 아름다움을 전하는 도구가 될 수 있다는 것에 감탄했다. 이 글에서 네 살짜리 주인공은 위그든 씨가 운영하는 사탕가

게에서 버찌씨를 돈으로 내고 사탕을 산다. 물론 이 사탕은 위 그든 씨의 이해에서 비롯된, 동심에 주어진 선물이다. 여기서 버찌씨는 오로지 이 네 살짜리 어린아이의 세계 속에서만 가치가 있는 돈이다.

그는 돈을 쓸 때 남을 위한 것이라고 하면서 누군가를 도왔다는 허영심을 채우거나 교만해지지 않도록 경계하고 또 경계했다.

10. 예술가의 든든한 후원인

김종희는 예술가들에 대한 애정이 남달랐다. 재능 있는 예술가들을 아꼈고, 자처하여 후원자가 되었다. 김종희는 평생 책을 손에서 놓지 않을 만큼 독서에 열중했고 피아노를 연주할 만큼 문화생활을 좋아하며 즐겼다.

특히 그림에 관심이 많았던 김종희는 어느 날 미술전시회에서 장리석이 그린 「조랑말」이라는 작품을 보았다. 당시 김종희는 당뇨 때문에 운동을 해야 했던 터라 승마에 취미를 붙이고 있었다. 그래서인지 「조랑말」이 무척 인상 깊었던 것이다.

장리석은 1916년생으로 김종희보다 여섯 살 많았는데 26세에 조선미술전람회에 출품해 입선한 후 작가로서 입지를 다지고 있었다. 그는 1·4후퇴로 제주도까지 피란하면서 가족과 헤어졌고 1954년 제주를 떠날 때까지 혹독한 환경 속에서 그 지역의 자연과 경험, 풍경을 작품에 담았다.

1954년 서울로 이주한 장리석은 제3회 국전에서 입선했고 이후 2년 연속 「조롱과 노인」, 「소한」으로 특선을, 1958년 제7회 국전에서는 「그늘의 노인」으로 대통령상을 받았다. 하지만 상을 받았다고 해서 경제적으로 여유가 있는 것은 아니었다.

김종희는 장리석의 작품을 구입한 뒤 그의 화실을 찾아갔다. 장리석은 고지대 끝자락 즈음에 있는 한옥에 세 들어 살고 있었다. 장리석은 김종희의 갑작스러운 방문에 깜짝 놀랐다.

"누구신지요?"

"저는 장 화백님의 그림 한 점을 소장하고 있는 김종희라고 합니다."

"아! 김 사장님, 그렇잖아도 참 고마운 분이라 생각하고 있었습니다. 국전에서 입선은 했지만 그림이 잘 팔리지 않아 걱정하고 있었는데, 김 사장님께서 처음으로 제 작품을 사주신 덕분에 집사람에게 그나마 체면이 섰습니다."

"하하하, 그렇습니까?"

장리석은 가난한 예술가였다. 좁은 방에서 예술혼을 불태우고 있는 그를 본 김종희 가슴속에서 울컥하는 감격이 밀려왔다. 그들은 그날 처음 만났지만 오랫동안 알고 지낸 사이처럼 이야기꽃을 피웠다.

장리석은 실향민으로, 일본에서 그림을 공부하고 귀국한 후 전쟁 통에 이리저리 떠돌며 분단과 전쟁의 고통을 체험한 것이 그의 그림을 지배하고 있었다. 김종희는 고통을 피하려 하지 않고 묵묵히 화폭에 담는 장리석에게 말할 수 없는 친근함을 느꼈다.

한 번은 제자 한 명이 과일 묘사를 공부하기 위하여 실물 과일 대신 모양과 색감이 정말 똑같은 플라스틱 과일 모형을 종류별로 구해온 적이 있다. 그 제자가 정물대 위에 아름다운 구도로 플라스틱 과일을 늘어놓았을 때였다. 그것을 본 장리석이 불호령을 내렸다. "향기나 맛도 느낄 수 없는 플라스틱을 보고 그리면 네 그림 속에서 과일의 향기와 맛이 느껴지겠느냐!"

김종희는 장리석을 보면서 예술이든, 사업이든, 인생이든 거짓으로 살 수 없다는 것을 깨달았다.

김종희는 이후에도 장리석을 물심양면으로 도왔다. 김종희가 그를 돕는 방법은 겸손하고도 소탈했고, 장리석 역시 그 마음을 감사히 받아들이곤 했다. 좁은 공간에서 120호나 되는 대작을 그릴 때는 직접 화실을 찾아 격려금을 전했고, 본인의 초상화를 그려달라고 의뢰한 뒤 후하게 작품값을 지불하는 등 그가 작품활동에 매진할 수 있도록 도왔다.

김종희는 장리석 외에도 예술가들을 지원하는 일을 계속했다. 그의 사무실이나 집에는 유명·무명 화가들의 작품이 수백 점 넘게 걸려 있는데, 이는 예술계를 이끌어가는 이들을 향한 나눔의 일환이었다.

재평가되는 업적, 김종희 정신의 계승

2018년 7월, 더플라자호텔에서 한국경영학회와 매일경제에서 주관하여 김종희의 업적을 기리는 행사가 있었다. 기업가 부문 고 김종희 회장을 헌액하며 그의 뜨거운 열정과 애국을 위한 신념을 다시 한번 기리는 시간이었다.

이 자리에서 이두희 한국경영학회장은 "김종희 회장은 한국전쟁 후 복구 과정에서 국내 최초로 다이너마이트를 개발하는 데 성공한 분이다. 국가기간산업을 향한 확고한 의지를 바탕으로 일관된 사업 방향을 견지했다는 점에서 요즘 경영자들에게 큰 귀감을 준다"라고 설명했다. 옥경석 한화 화약·방산 통합부문 사장은 이날 수상 소감에서 "선대 회장의 변화와 혁신 DNA 그리고 '사업보국'의 신념은 한화인의 가슴속에 변함없이 타오르고 있다. 저희 임직원은 불꽃같은 열정으로 그 소중한 가치를 지키고 이어나가겠다"라고 밝혔다.

김종희의 정신은 샘이 깊은 물처럼 끊임없이 흘러 다음대로 이어지고 있다. 뿌리 깊은 나무가 좋은 열매를 맺듯 이곳저곳에서 귀한 가치를 실현하고 있는 것이다. 김종희의 정신이 면면히 이어지는 내용을 살펴보면 다음과 같다.

1. 신의信義 경영

김승연에 대해 흔히들 신용과 의리의 경영인이라고 한다. 그 정도로 '신의'는 그의 경영 스타일을 대표하는 단어이기도 하다.

신의경영의 진가가 드러난 것은 기업 인수합병 때였다. 보통 기업들은 회사 매각에만 매달렸지만 김승연은 달랐다. 회사를 팔 때 돈을 덜 받더라도 완전고용 승계조건을 고수했다.

1997년 말 김승연은 외환위기로 자회사 한화에너지 지분을 현대정유에 매각해야 하는 상황에 놓였다. 당시 김승연은 "우리가 매각대금 20억~30억 원을 덜 받아도 좋으니 단 한 명도 해고하지 말고 100퍼센트 고용승계를 해달라"고 요청했고 결과는 그의 바람대로 이뤄졌다

한화에서 삼성의 방위사업·석유화학 부문을 인수할 때도 김승연은 삼성 직원들을 100퍼센트 고용 승계했다. 또한, 김승연은 미국 해군정보국 정보분석가로 일하다 국가기밀 유출 혐의로 미국 정부에 수감된 로버트 김을 개인적으로 계속 지원했다. 이 사실은 2005년 10월 MBC 라디오 프로그램 「김미화의 세계는 그리고 우리는」에 로버트 김이 출연하면서 세간에 알려졌다. 김승연의 주변 지인과 회사 측근조차도 알지 못했던 일이다.

2. 도서관 사업

2018년 11월 한화는 '꿈에그린 도서관' 77호점을 경기도 포천시에 있는 중증장애인 요양시설 '생수의 집'에 개관했다. 도서관은 김승연이 8년째 이어오고 있는 사회공헌 사업 중 하나다. 목적은 김승연의 경영 철학인 '함께, 멀리 정신'을 바탕으로 건설업의 특성을 살림으로써 국민의 알 권리와 누릴 권리를 실현할 수 있도록 하는 것이다. 이 사업은 한화건설의 임직원들이 직접 참여하여 기존 공간 철거, 내부 공사, 붙박이장 조립, 페인트칠 등 공간 리모델링은 물론 도서와 책상, 의자 등을 함께 지원하는 방식으로 진행되었다. 그 결과 꿈에그린 도서관은 독서와 휴식이 동시에 가능한 공간으로 활용될 수 있게 되었다. 2011년 3월 서울 서대문구 홍은동 장애인 직업재활기관 '그린내'에 1호점을 조성한 것을 시작으로 그동안 77개 도서관을 개관하고 5만여 권의 도서를 기증해왔는데 2020년까지 100개 도서관을 목표로 사업을 수행하고 있다.

3. 문화예술 지원 사업

2009년부터 2019년까지 10년째 진행되고 있는 행사인 '한화 예술 더하기'는 아동과 청소년들이 문화예술 활동을 체험함으로써 자아성장 경험을 주려는 것이다. 프로그램에 참여한 예술강사들에게는 순수 예술에 대한 열정과 현실적인 생계유지라는 고민을 동시에 충족해주고 있다. 또한, 외환위기 때부터 후원에 어려움을 겪은 예술의전당 '교향악 축제'를 2000년부터 2018년까지 19년째 단독으로 후원하고 있다. 예술의전당은 한화그룹 후원 10주년을 맞은 2009년 김승연에게 감사의 뜻으로 종신 회원증을 전달하기도 했다. 이외에 지방 도시에서도 클래식 공연을 접할 수 있도록 '한화 팝&클래식 여행' 공연, 청소년 오케스트라 운영 등 문화예술 저변 확대에 기여하고 있다.

4. 직원을 위한 에피소드

김승연은 '직원을 먼저 자르지 않는다'로 대변되는 김종희의 기업가 정신을 '신용과 의리 경영'으로 계승했다. 특히 직원을 사랑하고 구체적인 도움을 주려고 한 에피소드가 많다.

2010년 서울프라자호텔 리모델링 공사를 하는 6개월 동안 직원 모두에게 유급휴가를 주었다. 외부에 굳이 공개하지는 않았지만 입소문으로 번진 이야기가 많은 감동을 주었다. 2014년에는 이라크 공사현장에서 근무하는 직원들의 노고를 위로하고자 광어회 600인분을 공수해가기도 했다. 현장을 방문하기 전 직원들에게 "가장 먹고 싶은 게 뭐냐?"고 물으니 회라고 대답한 것을 반영한 것이었다.

신의 경영의 진가는 기업 인수합병 때 드러났다. 보통 기업들은 회사 매각에만 매달렸지만 김승연은 달랐다. 회사를 팔 때

돈을 덜 받더라도 완전고용 승계조건을 고수했다.

2011년 한화그룹은 천안함 사태가 벌어진 이듬해 천안함 승조원 유가족을 한화그룹 계열사에 우선 채용하겠다고 밝혔다. 이는 김승연이 "방위산업체를 경영하는 그룹으로서 유족이 절실하게 원하는 부분이 무엇인지를 고민해야 한다. 구체적인 지원방안을 찾아보라"고 지시함으로써 이뤄졌다. 이 결정으로 유가족 중 총 18명이 한화, 한화생명, 한화갤러리아 등에서 근무하게 되었다. ㈜한화에 입사한 유가족 서정길 씨는 "김승연 회장님의 따뜻한 손길이 새로운 희망을 가질 수 있는 계기가 됐다. 한화에서 맡은 바 소임을 다하는 것이 보답하는 길이라고 생각한다"고 소감을 밝히기도 했다.

5. 작은 약속도 소중히 여긴다

김승연은 20년 전 김종희가 약속한 리처드 워커 주한 미국 대사의 팔순잔치를 1982년 4월 13일 소공동 프라자호텔 그랜드 볼룸에서 아버지를 대신해서 열어주었다. 리처드 워커 대사의 생일은 미국 날짜로 4월 12일이지만 시차를 감안해 한국에서 4월 13일 잔치를 한 것이다.

워커 대사는 김종희와 친형제 이상으로 친분이 두터운 사이였다. 김종희는 워커 대사의 60세 생일잔치를 한국식 환갑잔치로 치러주기로 약속했지만 1981년 세상을 떠났기 때문에 아들인 김승연이 대신 그 약속을 지킨 것이다.

직원뿐만 아니라 야구팬들에게도 서비스를 한 적이 있다. 김승연은 재계 총수 중에서도 소문난 '야구광'이다. 2018년 한화 이글스가 11년 만에 가을야구에 진출하자 김승연은 직접 대전 한화생명이글스파크를 찾아 팬들에게 장미꽃 4,000만 원어치를 선물했다. 김승연은 한화 이글스와 넥센 히어로즈의 '2018 KBO 준플레이오프 1차전'을 관람했고, 팬 1만 3,000여 명에게 오렌지색 장미꽃을 선물해 또 한 번 감동을 주었다.

김승연은 "열띤 응원에도 불구하고 오랫동안 포스트시즌에 진출하지 못해 이글스 팬들에게 고마운 마음과 또 한편에서는 마음의 빚을 가지고 있었다. 앞으로도 한화 이글스를 통해 더 많은 사람이 즐기고 행복해지길 바란다"고 전했다.

6. 환경을 지키려는 노력

한화그룹은 세계환경의 날인 2019년 6월 5일 오전 베트남 남부 빈롱시에서 부유 쓰레기 수거용 선박 두 대를 제작해 현지 지역기관에 전달하는 기증식을 했다. 이 행사는 한화그룹 회장 김승연이 2018년 1월 한화에어로스페이스 베트남 공장 준공식에서 "베트남 지역사회의 일원으로 환경문제에 지속적인 관심을 기울이겠다"고 한 약속을 지킨 것이다.

기증한 보트는 한화큐셀의 고성능 태양광 모듈 큐피크

(Q.PEAK)를 장착해 에너지 효율을 높이고, 컨베이어 장치를 달아 부유 쓰레기를 수거할 수 있도록 제작했다. 전장 6.45m, 폭 2.3m, 높이 2.6m 크기로 매일 6~7시간씩 메콩강을 오가며 부유 쓰레기들을 수거한다. 대당 하루 280kg, 보트 두 대가 연간 200~220톤의 부유 쓰레기를 처리할 수 있다. 이 보트는 디젤이 아닌 태양광 패널과 배터리로 구성한 친환경 보트다.

태양광 보트 기증식에 앞서 한화그룹은 수상쓰레기 문제와 친환경 에너지에 대한 베트남 국민들의 관심을 높이고 환경문제에 대한 인식을 제고하기 위해 디지털 캠페인도 진행했다.

7. 북일고등학교와 버스커버스커

2019년 4월 13일, 북일고등학교 교정은 벚나무와 개나리, 봉우리가 맺힌 철쭉에 연둣빛 나뭇잎이 어우러져 사방이 꽃 터널을 이루었다. 북일고등학교는 1984년부터 해마다 벚꽃이 활짝 피는 4월 10일 전후 주말에 학생과 학부모, 시민들이 벚꽃과 불꽃놀이를 즐길 수 있도록 '학교 개방의 날'을 마련해 천안 지역 벚꽃 명소로 인기를 얻어왔다. 인도 양편으로 40~50년 된 벚꽃나무들이 꽃망울을 터뜨렸다. 가족, 연인, 친구들, 아기를 데리고 나온 젊은 부부 등 많은 사람이 연분홍 벚꽃 아래에서 환한 얼굴로 산책하고 곳곳에서 사진을 찍는 사람들의 표정이 밝았다. 잔디밭에는 텐트를 준비해온 사람들이 아예 자리를 잡고 눈발처럼 날리는 꽃비를 맞고 있었다. 학생들이 설치한 부스에서는 구경 나온 사람들의 사진을 촬영하여 무료로 인화해주는 행사도 벌였다.

학교 안쪽으로 '벚꽃 엔딩이 탄생한 곳'이라는 펼침막이 붙어 있었다. 〈벚꽃 엔딩〉은 밴드 버스커버스커의 장범준이 작사·작곡했는데 발표 당시 주요 음원 사이트 1위를 석권하며 큰 인기를 모았을 뿐 아니라 해마다 벚꽃이 피는 계절이면 거리에 울려 퍼지고 있다. 하지만 이 노래의 배경이 북일고등학교 벚꽃축제임을 아는 사람은 많지 않다.

북일고등학교 벚꽃축제

김종희가 이 풍경 속에 있었다면 1953년 11월 정동교회에서 만난 세실 신부를 기억했을지 모른다. 그 추운 날 불을 때지 않아 난로에 온기가 없던 방.

"주교님, 제가 내일 땔감을 좀 가져오겠습니다."

"아니다. 자네 말만 들어도 충분해. 만약 내가 따뜻한 데서 다리 뻗고 편하게 지낸다면 대한성공회를 재건하는 일은 그만큼 늦어지지 않겠나? 내가 한국에 다시 돌아온 건 전쟁 통에 사방으로 흩어진 양들을 모으기 위함일세. 그들을 돕는 게 내 사명이지."

"주교님, 정말 훌륭하십니다. 저도 함께 돕겠습니다."

"고맙네. 자네는 우리 성공회의 큰 빛이 될 사람이야. '너희의 빛을 사람들 앞에 비추어 너희의 행실을 하늘에서 보고 계신 아버지께 영광을 돌리게 하여라.' 하느님의 이 말씀을 늘 생각하게나. 그리고 자네도 많은 이들에게 빛이 되는 삶을 살아가게."

세실 신부가 아낀 소중한 땔감이 나라를 세우는 데 큰 힘이 되고, 성공회의 큰 빛이 될 것이라는 예언이 그대로 맞아떨어지는 순간이 될 것이었다.

세실 신부와 인사를 나누고 정동교회를 나올 때 흰 눈이 내려 거리를 덮고 있었고, 김종희는 큰 결심을 했다.

"비록 신부님처럼 큰 빛은 되지 못할지라도 베푸는 사람이 되리라."

그때 어두워지는 청회색 하늘을 배경으로 흰나비처럼 쏟아져 내리는 눈을 보고 청년 김종희가 가슴 뿌듯한 기쁨을 느꼈다면 지금은 또 다른 기쁨과 보람으로 흐뭇해했을 것이다. 이제는 푸르고 맑은 하늘을 배경으로 쏟아져 내리는 꽃비. 꽃비와 흰나비가 어우러지는 교정 풍경을 보며 그의 생애에 가장 아름다운 작품이라고 생각하지 않았을까. 빙긋이 웃는 그의 미소와 함께 독백이 들리는 듯하다.

"나는 여한이 없다. 하느님은 내게 사명을 주었고, 세상 사람들은 나를 다이너마이트 김이라고 불러주었다. 그래서 내게 주어진 모든 것에 감사한다. 좋은 삶이었다."

불꽃으로 살다간 김종희

"우리는 회사 업무 전반에서 국가와 사회에 대한 공을 잊어서는 안 됩니다. 우리가 하는 일상의 일 하나하나가 국가와 사회 발전에 기여가 된다는 높은 긍지와 책임감을 느끼고 열정을 다해야 할 것입니다."

— 한국화약㈜ 직원연수회 중 김종희의 연설

김종희가 살아온 길은 험난했다.

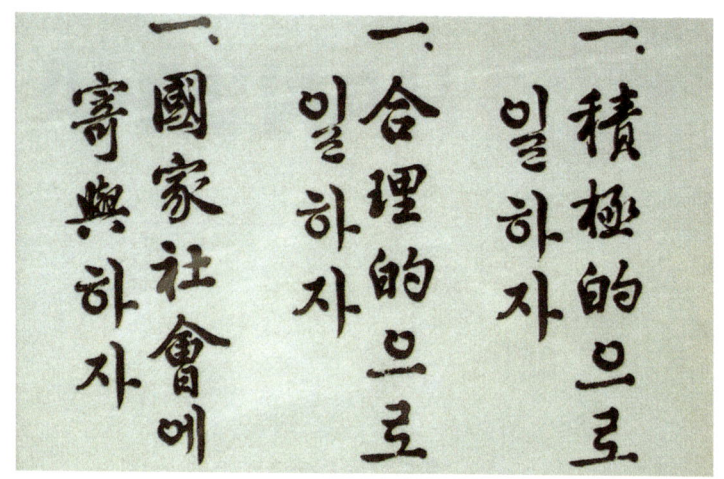

1976년 사훈변경

1945년 8월 15일 해방된 조국의 외면할 수 없는 현실.
1950년 6월 25일 전쟁 발발 후 폐허가 된 국토.

김종희에게 대한민국의 비참한 현실은 사업보국이라는 열정에 불을 붙이는 도화선이 되었다. 나라를 살리겠다는 그의 열정이 뇌관에 닿아 거대한 불꽃이 되게 했다. 불꽃과 함께 김종희라는 거인이 되었다. 거인을 깨운 한마디는 "화약 없이 근대화를 이룬 나라는 없다!"였다.

조국 근대화를 향한 김종희의 고독하고 험난한 선택은 한 번도 뒤로 물러난 적이 없다.

화약 국산화. 누군가는 쏘아 올려야 하는 불꽃이었다. 그 불꽃으로 국가 대동맥이 살아나 펄떡거리고 자주국방의 초석이 놓였다.

리처드 워커 전 주한 미국대사는 김종희 회장을 일컬어 "대한민국 산업근대화에서 괄목할 만한 성장을 이뤄낸 역사적인 지도자로서 미국의 록펠러나 카네기와 견줄 만한 인물이었다"라고 했다. 다른 사람들은 그를 한국의 노벨, 다이너마이트 김이라고 불렀다.

평생지원의 도전, 국가 기간산업의 기틀을 만든 뜨거운 헌신이, 나무를 심어 숲을 일구는 마음으로 인재를 키워낸 사랑이 수많은 인재를 자라나게 했다.

김종희는 이렇게 들려준다.

"여러분 가슴속에 뚜렷이 새겨져 있는 국가와 사회에 대한 기여는 우리가 일관해온 긍지 있는 발자취이며 변할 수 없는 진로입니다."
- 1980년 10월 창립 28주년 기념식에서

1981년 7월 김종희는 불꽃같은 삶을 마감했다. 하지만 세월이 흐를수록 그의 열정은 더욱 열렬하게 불타오르는, 영원히 꺼지지 않는 불꽃이 되었다.

1981년 7월 23일, 사업에 혼신의 정열을 바친 김종희는 59세를 일기로 불꽃 같은 생을 마감했다.

신상진

소설가. 독서치료사. 역동상담사. 심리상담을 해오며 해결되지 않는 인간의 심층 심리에 대해 오랜 기간 고민하였다. 이를 바탕으로 쓴 소설 《촉수》로 제13회 「내일을 여는 작가」 신인상을 수상하며 등단하였다. 2014년에는 장편 소설 《울지 않는 아이》를 출간하였고, 이후 다수의 경영서, 자서전 등을 기획, 집필하고 있다.

한화그룹 창업주 김종희
불꽃으로 살다

신상진 지음

1판 1쇄 인쇄 2019년 10월 29일
1판 1쇄 발행 2019년 11월 15일

발행처 새녘출판사
발행인 권희준
책임편집 이상희
디자인 씨오디
인쇄 스크린그래픽

출판등록 2011년 10월 19일 (제313-2012-93호)
주소 경기도 파주시 미래로 562
전화 02-323-3630 **팩스** 02-6442-3634 **이메일** books@saenyok.com

ISBN 978-89-98153-44-1 03320

책값은 뒤표지에 있습니다. 잘못된 책은 구입하신 곳에서 바꾸어 드립니다.

이 도서의 국립중앙도서관 출판시도서목록(CIP)은 e-CIP 홈페이지
(http://www.nl.go.kr/cip.php)에서 이용하실 수 있습니다.
(CIP제어번호:CIP2019041353)